Richard A. Isay
Schwul sein

Serie Piper
Band 1683

Zu diesem Buch

Schwul sein ist das erste Buch, das zeigt, daß die Entwicklung zum Homosexuellen ein anderer, aber kein anomaler Weg der Entwicklung männlicher Geschlechtsidentität ist. »Gemessen an den herrschenden Auffassungen zum Thema der männlichen Homosexualität innerhalb der Psychoanalytikerzunft hat Richard A. Isay einen gelungenen Tabubruch begangen«, schreibt »Psychologie heute«. In 20jähriger psychoanalytischer Praxis mit Homosexuellen ist Isay zu der Überzeugung gekommen, daß Homosexualität weder eine psychische Krankheit noch abartiges Verhalten ist. Isay, Arzt und Psychoanalytiker, räumt mit einem Wust von Mythen über homosexuelles Verhalten und dessen Entstehung auf und geht davon aus, daß es einen natürlichen Entwicklungsweg gibt, dem Homosexuelle folgen und der ebenso wie bei den Heterosexuellen mit vorhersehbaren Krisen und Hindernissen befrachtet ist. Die wesentlichen Hindernisse, die dauerhaften schwulen Beziehungen entgegenstehen, analysiert Isay in der Ablehnung durch den Vater und die Verinnerlichung des extremen Schwulenhasses der westlichen Gesellschaft.

Das Buch bietet Therapeuten eine konkrete Orientierungshilfe für ihre Arbeit mit homosexuellen Patienten und homosexuellen Männern eine einfühlsame Darstellung der Persönlichkeitsentwicklung.

Richard A. Isay, geboren 1939 in Pittsburgh/Pennsylvania, Dr. med., Professor für Psychiatrie am Cornell Medical College, gehört dem Columbia Center for Psychoanalytic Training and Research an.

Richard A. Isay

Schwul sein

Die psychologische Entwicklung des Homosexuellen

Aus dem Amerikanischen von
Helmut Degner

Piper
München Zürich

Die Originalausgabe erschien 1989 unter dem Titel
»Being Homosexual. Gay Men and Their Development«
bei Farrar, Straus, Giroux, New York.

ISBN 3-492-11683-2
Neuausgabe 1993
2. Auflage, 8.–12. Tausend Februar 1993
(1. Auflage, 1.–5. Tausend dieser Ausgabe)

Umschlag: Federico Luci,
unter Verwendung eines Photos von Mario von Kranen
Photo Umschlagrückseite: Anne Hall
Gesamtherstellung: Clausen & Bosse, Leck
Printed in Germany

Inhaltsverzeichnis

Für David und Joshua

The greatest poverty is not to live in a physical world, to feel
that one's desire is too difficult to tell from despair.

Wallace Stevens, *Esthétique du mal*

Einführung

1935 schrieb Freud in seinem mitfühlenden »Brief an eine amerikanische Mutter«, deren Sohn homosexuell war:

»Homosexualität ist gewiß kein Vorzug, aber es ist nicht etwas, dessen man sich schämen muß, kein Laster, keine Erniedrigung und kann nicht als Krankheit bezeichnet werden... Viele hochachtbare Personen in alten und neuern Zeiten sind Homosexuelle gewesen, unter ihnen viele der größten Männer (Plato, Michelangelo, Leonardo da Vinci et cetera). Es ist eine große Ungerechtigkeit, Homosexualität als ein Verbrechen zu verfolgen, und auch eine Grausamkeit.«[1]

Obwohl Freud sich nie eindeutig dazu äußerte, ob er die Homosexualität an sich als pathologisch ansah, hielt er – im Gegensatz zu den modernen Analytikern – die Homosexuellen doch nicht für krank. 1903 erklärte er in einem Interview mit der österreichischen Zeitung *Die Zeit:*

»Ich bin... der festen Überzeugung, daß Homosexuelle nicht als kranke Personen behandelt werden sollten... Würde uns das sonst nicht zwingen, viele große Denker und Gelehrte als krank zu charakterisieren, ... die wir aufs höchste wegen ihrer geistigen Fähigkeiten bewundern? Homosexuelle sind nicht krank. Und sie gehören auch nicht vor Gericht.«[2]

Sechzig Jahre später zeigten sich in der *New York Times* zwei amerikanische Psychoanalytiker besorgt angesichts der zunehmend selbstbewußteren Versuche von Homosexuellen, auf ihren Bürgerrechten zu bestehen. Irving Bieber, der eine ausführliche Untersuchung über Homosexuelle durchgeführt hatte[3], mißbilligte »die Versuche organisierter Homosexueller, sich als eine unter vielen Minderheiten darzustellen, da ihr Minderheitenstatus auf einer Krankheit beruht...«. Der zweite Analytiker, Charles Socarides, der nach wie vor viel zum Thema Homosexualität veröffentlicht, wird folgendermaßen zitiert: »Der Homosexuelle ist krank, und alles, was dazu beiträgt, diese Tatsache zu verschleiern, vermindert die Chancen einer Behandlung... Sollte Homosexualität von der Gesellschaft akzeptiert werden, würden dadurch diese Probleme nur verstärkt werden.«[4] Diese Analytiker drücken eine Überzeugung aus, die immer noch das Denken und Handeln der amerikanischen Psychoanalytiker prägt.

Die klassische psychoanalytische Theorie behauptet, daß eine unbeeinflußte normale Entwicklung zum reifen Ausdruck der Heterosexualität führt. Homosexualität ist nach dieser Theorie die Folge krasser, früh auftretender Entwicklungsstörungen. Von diesen frühen Störungen wird angenommen, daß sie aus einem Konflikt resultieren, der sowohl zu einer Abkehr von der Heterosexualität als auch zu schweren Persönlichkeitsstörungen führe, unter denen alle Homosexuellen angeblich leiden.

Durch meine Arbeit mit mehr als vierzig Homosexuellen – in einer klassischen Analyse, in analytisch orientierter Therapie wie auch in persönlichen Beobachtungen in den vergangenen zwanzig Jahren – bin ich zu der Überzeugung gelangt, daß das Ausleben ihrer Sexualität für homosexuelle Männer sowohl normal als auch für das Wachstum ihrer Persönlichkeit wichtig ist. Meine klinische Tätigkeit wie auch empirische Studien von anderen legen nahe, daß Homosexualität – genau wie Heterosexualität – anlagebedingt ist.

Viele meiner Leser werden nun annehmen, wenn Homosexualität tatsächlich konstitutionell verankert ist, dann müsse sie ebenso ein Defekt sein wie angeborene Krankheiten und Mißbildungen. Aber diese Analogie rührt von einem gesellschaftlich bedingten Vorurteil her, da hier gesellschaftliche Wertungen mit individuellen Krankheitsbefunden verwechselt werden.

Einige Analytiker halten Homosexuelle für anomal, da sie sexuelle Impulse ausagieren, die gesellschaftlich nicht akzeptiert sind, und ihre Sexualität nicht sublimieren, um sich sozial anzupassen. Wenn Psychoanalytiker von einem »Ausagieren« ihrer Patienten sprechen, denken sie dabei nicht an die psychoanalytische Situation, sondern meinen, daß Phantasien und Impulse handlungsbestimmend sind. Wer aber immer wieder seine Impulse ausagiert, wird traditionellerweise als schlechter Analysand betrachtet.[5] Obwohl bei Patienten wie auch bei Nicht-Patienten die Fähigkeit geschätzt wird, ein breites Spektrum von aggressiven und sexuellen Impulsen wahrzunehmen und zuzulassen, legt die traditionelle Psychoanalyse doch das Schwergewicht auf die Beherrschung dieser Impulse, um den Ansprüchen und Erwartungen der Gesellschaft gerecht zu werden. Das ist, um Freud zu paraphrasieren, der Preis, den uns die Kultur abverlangt.[6]

Die psychoanalytische Theorie geht zunächst nicht davon aus, daß die Anpassung auf Kosten der Innenwelt stattfinden sollte. Wenn es jedoch um das Handeln und die Existenz der Patienten im Alltagsleben geht, neigen die meisten dynamisch orientierten Psychotherapeuten in ihrer klinischen Arbeit zu dem Grundsatz, daß das gesund ist, was sozial angepaßt ist.

Die orthodoxe psychoanalytische Meinung, daß Homosexuelle anomal sind, weil sie nicht heterosexuell sind, verstärkt bei homosexuellen Patienten die Tendenz, sich angepaßt zu verhalten. Ich bin der Ansicht, daß sich in dieser Haltung Vorurteile der Gesellschaft ausdrücken, in der die Psychoanalytiker leben und arbeiten. Eben diese Theorie hindert uns daran, für Homosexuelle einen Entwicklungsweg zu sehen, und sie hat deshalb unsere Fähigkeit, eine neutrale und von gesellschaftlichen Erwartungen unverfälschte Psychotherapie anzubieten, ernsthaft behindert.[7]

Meine Ansichten stellen eine Rückkehr zu Freud dar, der bei allem Verständnis der Vielzahl sexueller Manifestationen im Menschen nie die große Bedeutung von biologischen Faktoren aus dem Auge verliert, auch wenn er eine Reihe von umweltbedingten oder »akzidentiellen« Ursachen der Homosexualität beschreibt. »Im anderen Falle fragt es sich«, schreibt er, »ob die mannigfachen akzidentiellen Einflüsse hinreichen, die Erwerbung (von Homosexualität) zu erklären, ohne daß ihnen etwas an dem Individuum entgegenkommen müsse.«[8]

Und zu dem Problem, ob Homosexuelle gute Analytiker werden könnten, schrieb Freud an Ernest Jones auf dessen Fragen, ob Homosexuelle zur psychoanalytischen Ausbildung zugelassen werden sollten: »Wir anerkennen das vorgebrachte Argument gegen die analytische Betätigung Homosexueller als richtig, möchten aber doch davor warnen, es zu einem Gesetz zu machen, mit Rücksicht auf die verschiedenen Typen von H. und die verschiedenartigen Mechanismen der Entstehung.«[9] Aber noch heute werden im allgemeinen in der etablierten Psychoanalyse Homosexuelle nicht zur Ausbildung zugelassen, weil nach herrschender Meinung alle Homosexuellen an derart drastischen und frühen Entwicklungsstörungen leiden, daß sie keine guten Analytiker werden können.

In ihrer Gründungsphase war die Psychoanalyse fortschrittlich. Heute dagegen ist sie eine konservative Bewegung, die in ihrer Haltung zu Homosexuellen und Homosexualität von allen psychotherapeutischen Richtungen die am weitesten rechts stehende Position einnimmt. Wie hat sich dieses Vorurteil entwickelt, das zwar keineswegs speziell amerikanisch, aber doch in der dortigen psychoanalytischen Tradition tief verwurzelt ist?

Während des Zweiten Weltkrieges hatten viele amerikanische Psychoanalytiker wichtige Positionen in der Militärpsychiatrie inne, und nach ihrem Ausscheiden aus dem Militärdienst übernahmen sie den Vorsitz oder zumindest einflußreiche Positionen in vielen psychiatrischen Abteilungen. Nach dem Krieg festigten sie ihre Stellung, indem sie durch eine verstärkte Verbindung der Psychoanalyse mit der Psychiatrie, der Medizin und dem Krankheitsmodell ein hohes Maß an Anerkennung für die neue Wissenschaft erlangten. Diese Bestrebungen verhalfen der Psychoanalyse zu professioneller Legitimität im Gesundheitswesen und ihren Vertretern zu finanziellen Vorteilen.

Kurz vor Ausbruch des Zweiten Weltkrieges war es zu einem

Zustrom europäischer Analytiker gekommen, die vor der Naziverfolgung flohen. Viele dieser Flüchtlinge waren verständlicherweise darauf bedacht, in ihrer neuen Heimat akzeptiert zu werden. Über ihre finanzielle und berufliche Zukunft verunsichert, waren sie keineswegs daran interessiert, die etablierten gesellschaftlichen und Standesorganisationen herauszufordern. Einige von ihnen, die in Europa offen die bürgerliche Kultur kritisiert hatten, fühlten sich bei Ausbruch des Kalten Krieges und während der McCarthy-Ära in den vierziger und frühen fünfziger Jahren besonders bedroht und hüteten sich daher, ihre progressiven intellektuellen und gesellschaftlichen Interessen weiter zu verfolgen.[10] Indem diese europäischen Analytiker sich mit den Kräften verbündeten, die die organisierte Psychoanalyse gerne enger an die Medizin anbinden wollten, gewannen in der amerikanischen Psychoanalyse Orthodoxie und die Verpflichtung auf soziale Konformität die Oberhand.[11] In dieser Zeit, als Homosexuelle aus Regierungsämtern entfernt wurden, setzte sich auch innerhalb der Psychoanalyse die Theorie von der pathologischen Entwicklung und Anpassung der Homosexuellen durch, und die meisten von ihnen wurden aus den psychoanalytischen Instituten ausgeschlossen.[12]

Aus der Annahme, Homosexualität sei das Ergebnis früher Entwicklungsstörungen, entwickelte sich schon bald eine therapeutische Theorie. In dieser Theorie, von der sich die meisten traditionellen analytischen Therapeuten leiten lassen, geht man davon aus, daß Homosexuelle heterosexuell sein könnten und sollten; nur dann könnten sie ihre Entfaltungsmöglichkeiten voll ausschöpfen und ein Leben führen, das so produktiv wie möglich und von inneren Konflikten frei wäre.[13]

Wird dieses Konzept, daß es möglich und auch wünschenswert sei, aus einem Homosexuellen einen Heterosexuellen zu machen, therapeutisch angewendet, so kann eine Reihe ernster Symptome entstehen, vor allem Depression und Angst als Resultat der Untergrabung des Selbstwertgefühls (s. Kap. 8). Das hat dazu geführt, daß einige Homosexuelle sich um heterosexuelles Verhalten bemühten, um den explizit geäußerten oder implizit vorhandenen Erwartungen ihrer Analytiker zu entsprechen. Diese Bemühungen sind psychologisch schädlich, denn wenn ein Homosexueller aus seinen sexuellen Handlungen keinen Genuß zieht, verstärkt sich sein Empfinden, daß er aufgrund seiner sexuellen Orientierung beeinträchtigt ist. Der Anspruch des Therapeuten, seinen homosexuellen Patienten zur Heterosexualität zu bringen, hat auch zu einer Reihe unglücklicher Ehen mit ernsten sozialen und psychologischen Folgen für alle Familienmitglieder geführt.

Die gegenwärtig vorherrschende Überzeugung der meisten analytisch orientierten Therapeuten, daß Homosexualität pathologisch sei, führte dazu, daß die meisten Homosexuellen nach anderer psychologischer Unterstützung Ausschau hielten. In Anbetracht der eben beschriebenen Umstände ist dieser Entschluß meiner Meinung nach vernünftig. Andererseits gibt es viele Aspekte der psychoanalytischen Theorie, die bei richtiger Anwendung unser Verständnis von menschlichem Verhalten fördern und emotionalen Schmerz lindern können. Die klinische Theorie, die unbewußte Konflikte als zentral für die Verursachung von psychischem Schmerz und frühkindliche Erfahrungen als wichtig für die Ausformung des späteren Charakters ansieht, ist hilfreich, um das Leiden vieler Personen zu verstehen. Gleichermaßen ist die analytische Technik, die darauf abzielt, die Abwehr gegen unbewußte Gefühle und Erinnerungen abzubauen, und die in der Übertragung das erneute Durchleben alter Konflikte unterstützt, eine sehr große Hilfe für viele Patienten. Ich bin jedoch der Ansicht, daß eine angemessene Anwendung der psychoanalytischen Theorie bei der Behandlung von homosexuellen Patienten erfordert, diese Form der Sexualität genauso wie die Heterosexualität als normal für den betreffenden Menschen anzusehen.

In diesem Buch verwende ich die Begriffe Gesundheit und Normalität in austauschbarer Weise. Damit beziehe ich mich auf die Möglichkeiten, die ein Homosexueller hat, zu einer voll ausgereiften Persönlichkeit mit entsprechender intrapsychischer Harmonie zu werden, so daß er einen positiven Bezug zu seiner persönlichen Identität als Homosexueller hat und ohne merkliche Behinderungen durch intrapsychische Konflikte leben und arbeiten kann. Ich gehe dabei von einem Gesundheitsbegriff aus, der die Möglichkeit des Individuums, ein Selbstwertgefühl und ein positives Selbstbild zu entwickeln, betont; Haltungen, die es allen Menschen ermöglichen, andere zu respektieren und zu lieben und von dem Respekt und der Liebe anderer getragen zu werden.

Um von der medizinischen und pathologischen Perspektive der Homosexualität wegzukommen, die ich weder richtig noch im therapeutischen Bereich brauchbar finde, verwende ich die Begriffe »schwul« und »homosexuell« als Synonyme. Dabei gebe ich dem Begriff »schwul« keine politische Bedeutung und reserviere ihn auch nicht nur für diejenigen Homosexuellen, die sich in einer Homosexuellenorganisation engagieren, einen dementsprechenden Lebensstil praktizieren oder sich selbst als »schwul« bezeichnen.[14]

Meine Beobachtungen und Folgerungen hinsichtlich einer normalen Entwicklung homosexueller Männer basieren größtenteils auf Daten, die ich in Analysen oder intensiven Psychotherapien sammelte. Dadurch bot sich mir die ungewöhnliche Gelegenheit, detaillierte Aussagen über die frühe Kindheit, die Entwicklung, das gegenwärtige Leben und auch die Konflikte einer Vielzahl homosexueller Männer zu sammeln, von denen viele erfolgreich im Gesundheitswesen tätig sind. Ich gebe zu, daß dies keine zufällige Auswahl Homosexueller ist; trotzdem glaube ich, daß diese Männer sich eher durch ihre psychologische Neugier und durch ihren Willen und ihre Motivation, ein möglichst konfliktfreies Leben zu führen, von der Gesamtbevölkerung unterscheiden als durch ein erhöhtes Maß an neurotischen Störungen.

Meine Patienten sind zumeist Männer, die ihre Homosexualität akzeptieren. Keiner kam zu mir, um Beistand bei einer Konversion seiner sexuellen Orientierung zu erbitten. Ein Mann, der mit sich selbst als Homosexuellem unzufrieden ist, würde einen Analytiker aufsuchen, der die herrschende Meinung über

Homosexualität vertritt. Bei der Behandlung eben solcher Homosexuellen, die einen schweren Konflikt mit ihrer Sexualität haben, haben Analytiker in der Vergangenheit ihre Beobachtungen gesammelt und daraus ihre Schlüsse gezogen. Aber ein schwerer Konflikt bezüglich der sexuellen Identität und der Wunsch, heterosexuell zu sein, sind nicht repräsentativ für die allgemeine homosexuelle Bevölkerung; sie sind nur für schwerer gestörte Homosexuelle symptomatisch.[15]

Natürlich unterliegen meine Beobachtungen der normalen Verzerrung der Wahrnehmung eines jeden Menschen, und meine Schlußfolgerungen unterliegen den Verzerrungen, die von meiner eigenen Interpretation dessen, was ich höre, verursacht sind, auch wenn ich mich um größtmögliche Objektivität bemühe. Ich behaupte nicht, daß meine Beobachtungen in allen Aspekten korrekt sind, aber ich glaube, sie können einen Rahmen für das Verständnis einer normalen Entwicklung bei homosexuellen Männern bieten.

Aus diesen Bemühungen heraus entstand eine Therapie, die auf psychodynamischen Prinzipien basiert und nicht von der Annahme ausgeht, alle Homosexuellen seien latente Heterosexuelle, die aufgrund eines emotionalen Traumas ein abweichendes oder pervertiertes Verhalten zeigen. Im Kapitel 8 erörtere ich einige Aspekte der Behandlung von Homosexuellen, die therapeutische Hilfe suchen, und für Therapeuten, die diese Hilfe anbieten. Ich hoffe, daß dieses Buch Kliniker, die mit Homosexuellen zu tun haben, in die Lage versetzt, ihre Arbeit effizienter und mit mehr Empathie und Verständnis auszuüben.

Dieses Buch richtet sich auch an Homosexuelle. Ich hoffe, daß es ihnen zu einem tieferen Verständnis ihrer eigenen Entwicklung verhilft.

1. *Was ist Homosexualität?*

> ... Die aber Schnitte eines Mannes sind, suchen das Männliche auf, und solange sie noch Knaben sind, lieben sie als Schnittstücke des Mannes die Männer, und bei Männern zu liegen und sich mit ihnen zu umschlingen, ergötzt sie, und dies sind die trefflichsten unter den Knaben und heranwachsenden Jünglingen, weil sie die männlichsten sind von Natur.
> – Plato, *Symposion* (in der Übersetzung von Friedrich Schleiermacher; Anm. d. Übs.)

Homoerotische Männer fühlen sich überwiegend von Personen des gleichen Geschlechts erotisch angezogen. Ihre sexuellen Phantasien richten sich so gut wie ausschließlich auf andere Männer, und das von Kindheit an. Da das sexuelle Verhalten durch gesellschaftliche Zwänge oder innere Konflikte beeinträchtigt sein kann, muß sich ein Mann nicht unbedingt homosexuell betätigen, um homosexuell zu sein. Auch diejenigen, die homosexuelle Kontakte pflegen, aber aufgrund von zensierenden gesellschaftlichen Zwängen, intrapsychischen Konflikten oder beidem nicht in der Lage sind, ihre Homosexualität zu akzeptieren, sind homosexuell. Wieder andere haben vielleicht nicht einmal einen bewußten Zugang zu ihren homoerotischen Phantasien, weil sie diese unterdrücken, verheimlichen oder einfach leugnen. In einer Analyse oder Therapie erhalten sie einen Zugang zu diesen Phantasien. Auch sie betrachte ich als Homosexuelle.[1]

Die von Alfred Kinsey und seinen Mitarbeitern entwickelte Sieben-Punkte-Skala (0–6) betont das Verhalten und das bewußte sexuelle Interesse der Befragten.[2] Die Punkte 5 und 6 dieser Skala weisen auf Personen hin, die sich ausschließlich oder beinahe ausschließlich homoerotisch verhalten. Ich bin der Ansicht, daß sexuelle Phantasien zur Definition Homosexueller nützlicher sind als das Verhalten. Da jemand auch für heterosexuell gehalten werden würde, wenn er aufgrund seines Alters, der äußeren Umstände oder seines Berufs daran gehindert wäre, seine Sexualität auszuleben, oder er sich selbst zu einem derartigen Verzicht entschlossen hätte, berücksichtige ich auch die Tatsache, daß manche Homosexuelle aufgrund innerer Konflikte, gesellschaftlicher Vorurteile oder persönlicher Entscheidungen ihre homoerotischen Impulse nicht ausagieren.

Aus systematischen psychologischen Untersuchungen der letzten Jahre geht hervor, daß es bei Homosexuellen kein größeres Maß an Psychopathologie gibt als bei Heterosexuellen. Die bekannteste dieser Untersuchungen wurde von Evelyn Hooker durchgeführt. Sie wollte die Nützlichkeit projektiver psychologischer Verfahren für die Diagnose offen ausgelebten homosexuellen Verhaltens feststellen und herausfinden, ob eindeutig homosexuelle Männer distinktive Persönlichkeitsmerkmale aufweisen.[3] Dabei zeigten sich bei homosexuellen Männern keine wesentlichen Unterschiede in der Psychopathologie und kein größeres Maß an sozialer oder psychologischer Fehlanpassung. Auch eine Reihe anderer Forscher, die mit projektiven Testverfahren arbeiten, um unbewußte Konflikte aufzudecken, oder mit objektiven psychologischen Tests, um bewußtere, ichnähere Probleme aufzuzeigen, waren nicht in der Lage, bei Homosexuellen eine größere Pathologie festzustellen als bei Heterosexuellen.[4]

Die hervorragenden Untersuchungen von Kinsey und seinen Mitarbeitern, die eine große Verbreitung homosexuellen Verhaltens feststellten, bestätigten, daß Homosexualität eine nichtpathologische Variante menschlicher Sexualität ist. Eine Befragung von etwa 5000 weißen Amerikanern ergab, daß 4 % der männlichen weißen Bevölkerung ihr ganzes Leben lang im Anschluß an ihre Jugendzeit und etwa 10 % der gesamten männlichen Bevölkerung mindestens drei Jahre lang im Alter zwischen 16 und 65 Jahren ausschließlich homosexuell sind. In einer Reihe europäischer Untersuchungen zeigt sich ein vergleichbar hohes Maß an Homosexualität oder homosexuellen Erfahrungen.[5]

Durch kulturvergleichende Untersuchungen und Beobachtungen bei Primaten kamen Clellan Ford und Frank Beach zu dem Schluß, daß in der Einstufung der Homosexualität als pathologisch ein kulturelles Vorurteil zum Ausdruck kommt. In der Mehrheit der insgesamt 76 von ihnen untersuchten Kulturen wurde Homosexualität entweder als gesellschaftlich zulässig oder als normal erachtet:

»Homosexualität findet sich in sehr vielen menschlichen Kulturen. Im jugendlichen Alter tritt sie häufiger auf als im Erwachsenenalter, und sie scheint von Männern häufiger praktiziert zu werden als von Frauen. Dies gilt auch für andere Lebewesen, ... insbesondere für die Primaten. Selbst in Gesellschaften, in denen homosexuelle Tendenzen stark unterdrückt werden, zeigen einige Individuen homosexuelles Verhalten ... In den Gesellschaften, die – im Gegensatz zu unserer – gesellschaftlich akzeptierte homosexuelle Rollen anbieten, entscheidet sich eine Reihe von Individuen, überwiegend Männer, dafür, ein gewisses Maß an homosexuellem Verhalten zu zeigen.«[6]

Sicher wird Homosexualität in westlichen, von jüdisch-christlichen Ansichten über Sexualität und Moralität geprägten Gesellschaften kaum toleriert; in vielen Gesellschaften wird sie kriminalisiert. Großbritannien verhängte bis in die späten fünfziger Jahre hinein schwere Strafen gegen Homosexuelle. 1954 wurde das *Wolfenden Committee* vom Oberhaus mit der Prüfung dieser Gesetze beauftragt. Der Untersuchungsbericht unterstützte die Forderung nach Entkriminalisierung von homosexuellen Handlungen, sofern sie zwischen Erwachsenen im Privatbereich auf freiwilliger Basis stattfinden, und übte heftige Kritik an der Annahme, daß Homosexualität eine Krankheit sei. Der Ausschuß wies darauf hin, daß ein Verhalten nicht als krankhaft betrachtet werden kann, wenn es mit »völliger geistiger Gesundheit« vereinbar ist und keine krankhaften Symptome damit verbunden sind.[7]

1973 entschloß sich die *American Psychiatric Association* nach eingehender Beschäftigung mit derartigen Studien aufgrund von Empfehlungen prominenter Psychiater wie Judd Marmor, der gleichzeitig Psychoanalytiker ist, und nachdem Homosexuelle die gesellschaftliche Stigmatisierung bezeugt hatten, die durch die Einstufung der Homosexualität als Krankheit erfolgt, zur Entfernung des Begriffs Homosexualität aus ihrem offiziellen Katalog der Geisteskrankheiten, dem *Diagnostic and Statistic Manual of Mental Disorders*.[8] Im Gegensatz dazu und trotz dieser Belege vertritt die Psychoanalyse weiterhin die Überzeugung, daß Homosexualität immer pathologisch sei. Homosexualität wird per se als perverse und abweichende Form der Sexualität betrachtet, weil Homosexuelle in ihrer Entwicklung nicht den theoretisch »normalen« Endpunkt – die Lösung des ödipalen Konfliktes – erreichen, an dem durch die Identifikation mit dem Vater jemand wie die Mutter begehrt wird.

Psychoanalytiker untersuchten die frühkindlichen Entwicklungsgeschichten ihrer homosexuellen Patienten und arbeiteten die scheinbar umweltbedingten Ursachen für das Bedürfnis heraus, andere Männer statt Frauen als Liebesobjekte zu begehren. Manche erklärten, die Bevorzugung eines gleichgeschlechtlichen Liebesobjektes sei das Ergebnis einer engen Bindung an eine feindselige Mutter. Diese untergrabe die Männlichkeit ihres Sohnes, indem sie seine Entwicklung zur Unabhängigkeit blokkiere und die Vater-Sohn-Beziehung störe, wodurch eine Angst vor Frauen erzeugt werde.[9] Andere heben hervor, daß ein abwesender, schwacher, distanzierter oder ablehnender Vater es dem Kind unmöglich macht, sich von seiner beherrschenden Mutter zu lösen.[10]

Diese psychodynamischen Annahmen lassen sich auf Freud zurückführen, der an verschiedenen Stellen auf eine Reihe von umweltbedingten Faktoren als Ursprung der Homosexualität hinwies. Er wollte jedoch vor allem eine klinische Technik der Psychoanalyse entwickeln und fühlte sich daher eher verpflichtet, jene umweltbedingten Faktoren, die von Psychoanalytikern untersucht werden konnten, zu betonen, als das Augenmerk auf die Bedeutung jener konstitutionellen Faktoren zu richten, obwohl er diese immer für wichtiger bei der Ausformung einer homosexuellen Orientierung angesehen hat.[11]

Nach Freuds Tod gingen die Psychoanalytiker daran, die Zweideutigkeit in seinen Ideen über die Natur und den Ursprung derHomosexualität zu beseitigen, und wandten sich entschlossen einem pathologischen Modell zu. Sandor Rado war der erste Kritiker von Freuds Theorien. Er war der Meinung, daß die Annahme einer genetisch angelegten Bisexualität biologisch nicht haltbar, therapeutisch wertlos und für zukünftige Untersuchungen von wenig Nutzen sei.[12] Er glaubte, daß Freuds Konzept eines angeborenen homosexuellen Potentials Analytiker dazu bringe, ihre therapeutischen Erwartungen bei der Behandlung von Homosexuellen unnötig zu verringern. Er hielt Homosexualität für die phobische Reaktion eines Mannes, der so beeinträchtigt ist durch eine von seiner Mutter verursachte und auf alle Frauen übertragene Angst, daß er »abweichende Formen der genitalen Stimulanz« sucht.[13] Andere Psychoanalytiker, so z. B. Irving Bieber, Lionel Ovesey und Charles Socarides, wurden von Rado beeinflußt und erweiterten seine Theorie der durch eine intensive Mutter-Beziehung verursachten Angst. Sie betrachteten die Homosexualität als zutiefst pathologisch und alle Homosexuellen als schwer gestört.

Meine therapeutische Arbeit mit Homosexuellen in mehr als zwanzig Jahren ließ mich zu der Überzeugung kommen, daß die Homosexualität eine nicht-pathologische Form der menschlichen Sexualität ist. Im Gegensatz zu den meisten anderen Psychoanalytikern finde ich bei meinen homosexuellen Patienten kein größeres Ausmaß an Psychopathologie als bei meinen heterosexuellen Patienten. Aber ich arbeite auch mit Homosexuellen, die ihre Sexualität grundsätzlich akzeptieren. Die gestörten Mutter-Kind-Beziehungen, wie sie von den meisten Analytikern beschrieben werden, scheinen weniger für Homosexuelle im allgemeinen charakteristisch zu sein als für Männer, die mit ihrer Sexualität Probleme haben.[14]

Benjamin und Carl, zwei Männer, die ich später noch eingehender vorstellen werde, hatten schwere Persönlichkeitsstörungen narzißtischer und masochistischer Natur. Von all meinen Patienten hatten sie die größten Schwierigkeiten, ihre Homosexualität zu akzeptieren. Sie hatten auch mit menschlicher Nähe mehr Probleme als andere, und beide hatten ein Bedürfnis nach zufälligen Sexualkontakten, was kein allgemeines Charakteristikum von Homosexuellen ist. Sie waren die einzigen Patienten mit Müttern, die ihre Söhne aufgrund eigener Bedürfnisse an sich gebunden und ihnen keine angemessene Ablösung und eine Entwicklung ihres Selbst zugebilligt hatten. Diese Männer hätten, auch wenn sie heterosexuell gewesen wären, aufgrund der frühen Verletzung ihres Selbstwertgefühls genau die gleichen schwachen Selbstbilder, Identitätsprobleme, masochistischen und Selbstbestrafungstendenzen und Schwierigkeiten mit intimen Beziehungen gehabt.

Manche Fachleute, die sich mit Homosexualität befassen, betonen die Wichtigkeit der persönlichen Entscheidung in der Entwicklung zur Homosexualität. So gibt es z. B. Frauen, die sich aus einer feministischen Überzeugung heraus mit anderen Frauen sexuell liieren, weil sie sich in unserer männlich dominierten Gesellschaft ohnmächtig fühlen, die sich jedoch zu einem späteren Zeitpunkt, von der Frauenbewegung enttäuscht, entschließen, ihre Partnerin zu verlassen und ein traditionelleres Leben und traditionellere Rollen zu suchen. Politische und gesellschaftliche Motive bei der Wahl des Sexualobjektes treten bei männlichen Homosexuellen in ihrer Partnerwahl bedeutend seltener auf, vielleicht zum Teil auch deswegen, weil homosexuelle Männer für ihr Zusammenleben vermutlich einen höheren Preis an gesellschaftlicher Diskriminierung in Kauf nehmen müssen als homosexuelle Frauen. Von größerer Bedeutung ist jedoch, daß alles darauf hindeutet, daß männliche Homosexuelle sich nur unter größten Schwierigkeiten und von Ängsten und Depressionen geplagt zu einem heterosexuellen Sexualverhalten »bekehren« können. Wo die persönliche Entscheidung das Sexualverhalten von Frauen beeinflußt, mag das daher kommen, daß anatomische Unterschiede es den Frauen erleichtern, mit beiden Geschlechtern sexuell zu verkehren; mehr Frauen sind bisexuell; Formen von intimem nicht-sexuellen Verhalten können für Frauen wichtiger sein als für Männer. In meiner Praxis traf ich nie einen Mann, der es sich »ausgesucht« hatte, homosexuell zu sein, aber es ist auch zutreffend, daß die meisten Homosexuellen, die ich kenne, ihre Sexualität der heterosexuellen vorziehen, weil das, was als normal und natürlich empfunden wird, gewöhnlich bevorzugt wird, selbst wenn dieses Verhalten gesellschaftliche Nachteile mit sich bringt.

Zwar handelt es sich bei der männlichen Homosexualität weniger um eine aktive »Wahl« oder eine »Vorliebe« als um eine konstitutionelle »Orientierung«, aber dennoch ziehen viele homosexuelle Männer ihre Art zu leben dem konventionelleren Leben der meisten Heterosexuellen vor. Während einige die Tatsache bedauern, daß sie keine Kinder oder die Annehmlichkeiten und Sicherheiten einer Familie haben, gibt es doch viele Homosexuelle, die – wie auch viele alleinstehende Heterosexuelle – keine traditionelle Familienstruktur haben wollen und die ökonomischen Vorteile und die relative Unabhängigkeit ihres Single-Status genießen.

Einige Sozio-Biologen sind der Ansicht, daß die Homosexualität eine evolutionäre Grundlage haben könnte. Sie gehen von der Voraussetzung aus, daß adaptive Merkmale überdauern, und folgern daraus, persönliche und wirtschaftliche Vorteile der Verwandten von Homosexuellen könnten dazu beitragen, daß das Überdauern homosexueller Gene gefördert wird. Diese Vorteile könnten die genetischen Nachteile, die dadurch entstehen, daß weniger Homosexuelle Kinder haben als Heterosexuelle, ausgleichen.[15] Nach E. O. Wilson könnte Homosexualität eine »normale« Eigenschaft sein, die »als wichtiges Element in der sozialen Organisation der frühen Menschheit« entstand. Homosexuelle könnten die genetischen Träger für einige in der Menschheit selten auftretende altruistische Impulse sein.[16] Momentan gibt es keinen empirischen Beleg für die Annahme, daß die Auswahl der Verwandtschaft ein Weg wäre, ein Gen für homosexuelle Anlagen weiterzugeben; des weiteren ist fragwürdig, inwieweit Homosexuelle in unserer Gesellschaft überhaupt irgendeine Art von privilegiertem Status haben und, falls dies bei einigen zutreffen sollte, in welchem Ausmaß die Vorteile eines derartigen Privilegs von Verwandten geteilt werden können.[17]

Alle psychoanalytischen Theorien zur Homosexualität gehen

davon aus, daß homosexuelle Männer ein Defizit an Männlichkeit haben. Entweder unterstützt ein abwesender Vater den Sohn nicht ausreichend bei der Loslösung von der Mutter, oder die Mutter bindet ihren Sohn in pathologischer Weise an sich, manchmal aus dem eigenen unbefriedigten Bedürfnis heraus, bemuttert zu werden. Sie will das, was sie vermißt, durch Geben erhalten, was jedoch mit einer immensen Wut einhergeht, die sie emotional auslaugt und ihr Kind verletzt. In beiden Theorien wird angenommen, daß Homosexuelle entweder ein bewußtes oder ein unbewußtes Gefühl von Weiblichkeit haben. Einfacher ausgedrückt: Traditionelle Analytiker glauben, daß ein Mann nicht homosexuell sein kann, ohne nicht auch verweiblicht zu sein oder sich so zu fühlen.

In den ersten zwei oder drei Lebensjahren eines jeden Kindes kann es zu einer übermäßigen Identifikation mit der Mutter kommen, wenn diese aufgrund eigener neurotischer Bedürfnisse eine adäquate Ablösung nicht zulassen kann oder wenn der Vater nicht in der Lage oder gewillt ist, einem Kind in diesem Stadium der Einheit und der Verschmelzung mit der Mutter bei dem Prozeß der Loslösung beizustehen.[18] Diese frühe Identifikation kann in manchen Fällen zu einer tiefgestörten Einstellung eines Mannes zu seiner Männlichkeit führen. Mütter oder Väter, die die Entwicklung ihres Sohnes in dieser Weise behindern, finden sich jedoch keinesfalls nur bei homosexuellen Männern. Ich glaube nicht, daß solche frühkindlichen Ablösungsprobleme signifikant häufiger bei Homosexuellen als bei Heterosexuellen auftreten. Keiner meiner Patienten war verwirrt oder beunruhigt über seine Geschlechtszugehörigkeit.

Richard Green untersuchte die Lebensläufe von 44 »femininen« Jungen und fand heraus, daß zwei Drittel von ihnen als Erwachsene homo- oder bisexuell geworden waren.[19] Seine Ergebnisse bestätigten frühere Untersuchungen, nach denen Homosexualität überwiegend bei solchen Erwachsenen auftritt, die als Kinder »verweiblichtes« Verhalten zeigten, aggressive Spiele mieden und allgemein wenig selbstsicher waren.[20] Man sollte jedoch aus solchen Studien nicht schließen, daß die meisten Homosexuellen in ihrer Kindheit »feminin« sind oder die Homosexualität einen ursächlichen Zusammenhang mit einem Mangel an männlichem Verhalten hat.

Einige Untersuchungen weisen auf die Rolle neuroendokriner Faktoren bei der Entwicklung von Homosexualität hin. So wurde die Hypothese aufgestellt, ein bestimmtes Defizit des männlichen Hormons Androgen führe im vorgeburtlichen Stadium zu Homosexualität, indem es ein »überwiegend weiblich differenziertes Gehirn« verursache.[21] Es gibt jedoch widersprüchliche Aussagen über die Bedeutung des pränatalen neuroendokrinen Einflusses auf die Entwicklung einer homosexuellen Objektwahl, und methodologische Fehler in einigen dieser Untersuchungen führten zu Zweifeln an deren Verläßlichkeit.[22] Richard Friedman ist der Ansicht, daß man die Abneigung eines Kindes gegenüber aggressiven Spielen als Beweis für einen pränatalen endokrinen Einfluß auf die sexuelle Orientierung betrachten könne.[23]

Meine therapeutische Tätigkeit hat mich zu der Ansicht kommen lassen, daß manche homosexuellen Kinder im Alter von drei bis sechs Jahren gegengeschlechtliche Charakterzüge annehmen, um die Aufmerksamkeit ihrer Väter auf sich zu richten und sie zu behalten (s. Kap. 3). Gewöhnlich sind dies Eigenschaften wie Sensibilität, Zärtlichkeit und ein Desinteresse an aggressiven Sportarten. Einige Kinder erscheinen auch in ihrem Benehmen, ihrer Kleidung und ihrem Verhalten spürbar feminin. Ich glaube, daß sie diese Eigenschaften aus dem gleichen Grunde entwickeln, wie heterosexuelle Knaben Eigenschaften ihrer Väter annehmen können, um zuerst das Interesse der Mutter und später das einer der Mutter ähnlichen Person zu erregen. Diese Identifikationen scheinen bei homosexuellen Knaben erst nach der Herausbildung der sexuellen Orientierung und nach der erotischen Bindung an den Vater zu erfolgen und dieser nicht voranzugehen.

Manche homosexuellen Jungen können sich sehr schwer als männlich erleben, weil sie sich zum gleichen Geschlecht hingezogen fühlen und in ihren Phantasien damit beschäftigen. In unserer Gesellschaft, in der das Männliche und das Weibliche so starr festgelegt sind, können sie sich selbst nur als »anders«, als weiblich begreifen. Da in unserer Gesellschaft ein Druck besteht, das Geschlechtsverhalten der Anatomie anzugleichen, geben viele homosexuelle Jugendliche in der präpubertären Phase (zwischen zehn und zwölf Jahren) ihre »weiblichen« Eigenschaften auf, die sie in der frühen Kindheit in der Identifikation mit der Mutter oder einem Muttersatz erworben haben.

Man muß bedenken, daß ein übertrieben feminines Verhalten, das von einigen erwachsenen Homosexuellen zelebrierte »Tuntenhafte«, nicht ursächlich mit der Entwicklung ihrer sexuellen Orientierung verbunden ist. Solches Verhalten zeigt ein wechselndes Maß an bewußter Selbstironie, das die konventionelle Geschlechteretikettierung entlarven soll. In unserer Gesellschaft wird ein Homosexueller einfach deswegen »feminin« genannt, weil er andere Männer begehrt und liebt. Man verhält sich also »tuntenhaft«, nicht weil man über seine Geschlechtsidentität verwirrt ist, sondern hauptsächlich deshalb, um dieses als ärgerlich empfundene konventionelle kulturelle Stereotyp bloßzustellen.

Da ich bei meinen homosexuellen und meinen heterosexuellen Patienten keine unterschiedliche Eltern-Kind-Beziehung feststellen konnte, bin ich der Meinung, daß die sexuelle Orientierung nicht aufgrund der Umwelt, sondern aufgrund von konstitutionellen Faktoren zustandekommt. Sicherlich mag es eine Reihe von Umweltfaktoren geben, die die Manifestation einer homosexuellen Disposition mehr oder weniger erleichtern. Meine therapeutischen Erfahrungen legen jedoch nahe, daß die frühe Umgebung zwar einen erheblichen Einfluß auf die Art und Weise hat, wie Sexualität ausgedrückt wird, aber nur einen unerheblichen auf das Geschlecht des Liebesobjekts.

Empirische Untersuchungen zeigen, daß es für Homosexualität genau so wie für Heterosexualität eine vererbungsmäßige Grundlage gibt. So ergab eine Zwillingsuntersuchung bei zweieiigen Zwillingen eine nur unwesentlich erhöhte Übereinstimmung von homosexuellem Verhalten, bei eineiigen Zwillingen jedoch eine Übereinstimmung von 100 %.[25] Diese Untersuchung wurde zwar wegen ihrer methodischen Fehler kritisiert, aber ein kürzlich erschienener Bericht beschrieb ein Paar von eineiigen, jedoch getrennt aufgewachsenen Zwillingen, die beide homosexuell waren.[26] Dies stellt ein signifikantes Ergebnis dar.

Auch Familienuntersuchungen weisen auf einen biologischen Einfluß hin. Richard Pillard und James Weinrich berichten, daß Homosexuelle signifikant mehr homo- oder bisexuelle Brüder haben (22 %) als Heterosexuelle (4 %).[27] Keine dieser Untersuchungen kann die Umwelt als Faktor ausschließen, aber sie lassen doch den Schluß zu, daß bei jedem Menschen der Ursprung seiner Sexualität eine genetische Komponente hat.

Die Bedeutung von Vererbungsfaktoren, wie es die Daten aus Zwillingsstudien und Familienuntersuchungen nahelegen, macht verständlicher, daß homo- und heterosexuelle Männer unter identischen oder ähnlichen Umständen aufwachsen können. Die Möglichkeit, daß die Vererbung pränatale neuroendokrine Faktoren beeinflußt, kann nicht ausgeschlossen werden, auch wenn die Belege nicht zwingend sind. Die genetische Hypothese läßt sich auch mit den Theorien über einen evolutionären Trend zu größerer Flexibilität und Diversität der menschlichen Sexualität vereinbaren.[28]

Aus klinischer Sicht ist es hilfreich, die sexuelle Orientierung als konstitutionell verankert zu verstehen; da die Versuche, homosexuelles Verhalten in heterosexuelles zu transformieren, das Selbstwertgefühl des Homosexuellen verletzen und die Bemühungen, den inneren Kern der Sexualität zu verändern, vergeblich sind, kann der Therapeut von dieser Basis aus die homosexuelle Orientierung mit der gleichen Neutralität verstehen und erforschen, wie er es bei der Heterosexualität tut (s. Kap. 8).

Obwohl ich glaube, daß die sexuelle Orientierung von Geburt an unveränderbar festgelegt ist, kann doch die Art und Weise ihres Ausdrucks viele verschiedene Wurzeln haben, die durch diverse frühkindliche Erfahrungen zutiefst beeinflußt werden können. Ein Junge mit einer dominanten Mutter, die ihn zur

Erfüllung ihrer eigenen unbefriedigten Bedürfnisse benutzt, wird die gleichen Möglichkeiten haben, homosexuell zu werden, wie ein Junge, dessen Mutter sein Wachstum und seine Entwicklung auf ideale Weise fördert. Jedoch wird ersterer als Erwachsener vermutlich unabhängig davon, ob er homosexuell ist oder nicht, intime Beziehungen eingehen, die voller Wut gegenüber anderen sind, von denen er annimmt, daß sie ihn zu verschlingen oder zu fesseln versuchen. In der gleichen Weise wird jedes Kind, sei es hetero- oder homosexuell, das einen distanzierten, unbeteiligten oder nicht liebenden Vater hat, Beziehungen zu anderen Männern eingehen, die erfüllt sind von Argwohn oder Wut. Ein Homosexueller, den sein Vater aus Angst oder aufgrund der Tatsache, daß er seinen Sohn als »anders« empfand, abgelehnt hat, wird feststellen, daß seine Beziehungen zu anderen Männern oft gestört sind. Er kann sich gehemmt fühlen durch eine Angst vor Ablehnung und durch eine Wut auf den Partner, von dem er annimmt, daß dieser ihn zwangsläufig verletzen wird.

Manche Männer können eine stärkere neuroendokrine Veranlagung zu weiblichem Verhalten und Aussehen haben als andere.[29] Ob ein Junge nun homo- oder heterosexuell ist, allein sein »feminines« Verhalten oder Aussehen wird seine Eltern oder Gleichaltrige veranlassen, ziemlich grausam oder ablehnend auf ihn zu reagieren. Dadurch wird seine Fähigkeit, Vertrauen und ein Gefühl für Nähe zu entwickeln, schwer beeinträchtigt. Kulturelle Faktoren erleichtern oder hemmen die Äußerung sexuellen Verhaltens; in unserer Gesellschaft wird selbstverständlich jegliches homosexuelles Verhalten als »schlecht« oder als »weibisch« etikettiert, was die Selbstwahrnehmung und die Art und Unbefangenheit, mit der ein Homosexueller sein sexuelles Verhalten äußert, beeinflußt. Im *Symposion* läßt Plato Aristophanes eine humorvolle Rede über die Natur des Menschen und den Ursprung seiner Sexualität halten. Ursprünglich war der Mensch ein rundes Ganzes. Es gab drei Geschlechter, männlich, weiblich und hermaphrodit, und jedes wurde von Zeus als Bestrafung für den Stolz der Menschen zweigeteilt. Das Geschlecht des Geliebten ist von der Natur festgelegt durch das ursprüngliche Ganze, zu dem das Individuum gehört hat. Jede Hälfte sehnt sich nach der Hälfte, von der sie getrennt wurde.

Wie alle Formen der Liebe bleibt auch die Homosexualität ein Geheimnis und entzieht sich unserem vollen Verständnis. Wie alle Formen der Liebe ist sie Ausdruck der Sehnsucht nach einer verlorenen Verbundenheit. Diese Sehnsucht richtet sich bei Homosexuellen im allgemeinen auf den Vater.

2. *Kindheit und frühkindliche homosexuelle Identität*

Die meisten erwachsenen Homosexuellen berichten, daß sie im Alter von etwa acht bis vierzehn Jahren erstmals ihre homoerotischen Neigungen spürten. Manchmal erscheinen diese aber auch in der Erinnerung als »schon immer vorhanden«. Beinahe alle Homosexuellen, mit denen ich in einer Psychoanalyse oder einer analytisch orientierten Psychotherapie Kontakt hatte, berichten, daß sie etwa ab vier Jahren das Gefühl hatten, »anders« zu sein als Gleichaltrige, auch wenn es unterschiedliche Erinnerungen an das Alter gibt, in dem das sexuelle Interesse erstmals spürbar wurde. Sie empfanden sich sensibler als andere Jungen, weinten leichter, fühlten sich in ihren Gefühlen schneller verletzt, hatten eher ästhetische Interessen, fanden Gefallen an Natur, Kunst und Musik und fühlten sich zu anderen »sensiblen« Jungen, Mädchen oder Erwachsenen hingezogen. Die meisten dieser Männer glauben auch, weniger aggressiv gewesen zu sein als andere Gleichaltrige und nie gerne an Wettkämpfen teilgenommen zu haben.[1] Sie erlebten sich seit frühen Kindheitsjahren als Außenseiter.

Viele erwachsene Homosexuelle können sich nicht an ihre frühesten gleichgeschlechtlichen erotischen Gefühle, Phantasien und Impulse erinnern, aber manchmal fallen ihnen kindliche Verhaltensweisen und Eigenschaften ein, die sie als »anders« oder »weiblich« beschreiben. Diese deutliche Erinnerung an ein Anderssein dient oft als eine Möglichkeit, kindliche gleichgeschlechtliche erotische Phantasien zu verdecken, die sie damals als verwerflich empfanden und dies gewöhnlich heute noch tun.

Bei jedem Patienten finden sich in den Tiefen seines Bewußtseins sexuelle Erinnerungen. Entweder tauchen sie als direkte Kindheitserinnerungen auf oder als indirekte Erinnerungen, die in der Übertragung oder anhand aktueller Beziehungen, die immer durch sie beeinflußt sind, rekonstruiert werden können. Wie die gegengeschlechtlichen Phantasien des heterosexuellen Kindes prägen auch die gleichgeschlechtlichen des homosexuellen Kindes die spätere Einstellung und das Verhalten des Erwachsenen. Dazu ein kurzer Einblick in das Leben dreier Männer; deutlich wird dabei, wie sie ein bestimmtes kindliches Verhalten dazu benutzten, früh verdrängte gleichgeschlechtliche Gefühle zu verdecken.

Bei unserem ersten Beratungsgespräch war Alan 32 Jahre alt; er war muskulös, machte jedoch einen etwas verkrampften und verspannten Eindruck. Er hatte einen kleinen gepflegten Schnäuzer und wirkte ziemlich maskulin. Ursprünglich hatte er mich aufgesucht, weil er sich einsam und ängstlich fühlte und mit seinen Beziehungen unzufrieden war. Er wirkte etwas depressiv und erklärte, einen Monat vorher sei eine langjährige Liebesbeziehung gescheitert, was ihm sehr zu schaffen mache. In den anfänglichen Sitzungen hatte er keine Schwierigkeiten, über seine Homosexualität und seine Neigung zu anderen Männern zu sprechen, gab aber auch zu erkennen, daß er Probleme damit habe, sich einem Mann nahe zu fühlen. Fünf Jahre lang hatte er zu einem Mann eine »stürmische« und sexuell einseitige Beziehung gehabt. Auch früher schon hatte es Beziehungen gegeben, in denen er sich zu einseitig in der Rolle des »Jägers« gesehen hatte. Obwohl er sich darin »sexuell lebendig« und stärker als in der Rolle des »Gejagten« zu seinen Geliebten hingezogen fühlte, führte dies doch dazu, daß er sich unattraktiv, ungeliebt und nicht liebenswert vorkam.

In der Zeit unserer gemeinsamen Arbeit erinnerte er sich spontan daran, sich in seiner frühen Kindheit anders als seine Altersgenossen gefühlt zu haben. Er beschrieb dieses Gefühl mit den Worten: »Ich wollte mich ungern mit anderen Kindern prügeln oder ähnliches. Ich schien sensibler als andere Jungen zu sein. Ich wollte nie fordernd auftreten. Viel Zeit verbrachte ich damit, Klavier zu spielen.« Er nahm nur ungern an den Aktionen und an vielen Spielen der anderen Jungen teil und fühlte sich deswegen von ihren sozialen Aktivitäten ausgeschlossen. Er wuchs auf in dem Glauben, seine Sensibilität wie auch seine Liebe zur Natur und zur Musik, ja selbst seine Anteilnahme an den Gefühlen anderer seien Zeichen für eine nicht genügend ausgeprägte Männlichkeit, was er in der frühen Kindheit als Mangel empfand. Obwohl er in seiner späteren Jugend aufgrund seiner Intelligenz, seines guten Aussehens und seines muskulösen Körpers von seinen Altersgenossen bereitwillig akzeptiert wurde, verminderte dies nicht sein wachsendes Gefühl, daß etwas grundsätzlich verkehrt an ihm sei. Des öfteren erwähnte er: »Ich konnte nie verstehen, warum ich für die *honor society* aufgestellt worden war. Als ich gewählt wurde, dachte ich, sie meinten jemand anderen.«

Seinen Vater beschrieb Alan als distanziert, einen Mann von wenigen Worten und noch weniger Gefühlen. Obwohl der Vater immer ein gutes Einkommen nach Hause brachte, sah Alan dessen Arbeit als minderwertig an. Er teilte die Ansicht seiner Mutter, daß der Vater ohne Ehrgeiz sei, weil er keine Manager- oder Führungsposition anstrebte, sondern mit einer Arbeit zufrieden war, bei der er selbst Hand anlegen mußte. Alans Mutter litt klinisch gesehen die meiste Zeit seiner Kindheit an Depressionen, aber sie war die dominante Kraft in der Familie, und um ihre Bedürfnisse und Wünsche kreisten die meisten Entscheidungen. Er hatte das Gefühl, daß seine Eltern ihn einer zwei Jahre älteren Schwester vorzogen. In seinen künstlerischen und musikalischen Interessen fühlte er sich seiner Mutter, in seiner Fügsamkeit, Genügsamkeit, Passivität und emotionalen Distanz seinem Vater ähnlich.

Alan verhielt sich mir gegenüber auffällig gleichgültig, als wolle er leugnen, daß ich für ihn irgendeine Bedeutung haben könnte. Obwohl er regelmäßig zu unseren Terminen kam und gewissenhaft arbeitete, schien er selbst nach vielen Monaten an dem, was ich dabei sagte, desinteressiert und davon unbetroffen zu sein.

Ich wies ihn auf sein Bedürfnis hin, mich und andere Männer in seinem Leben in einer emotionalen Distanz zu halten, und mit der Zeit fiel es ihm leichter, Gefühle von Neugier und Wärme zu äußern. Diese Veränderungen in unserer Beziehung halfen ihm, anderen offener zu begegnen, und bald traf er einen neuen Liebhaber, der auf spontane und angenehme Art liebevoll und zärtlich war. In dieser Zeit, in der Alan zunehmend leichter mit seinen liebevollen und sexuellen Gefühlen umgehen konnte, begann er sich an sexuelle Phantasien zu erinnern, die er im Alter von vier Jahren gehabt hatte, wenn er muskulöse Comic-Helden betrachtete. Er erinnerte sich auch daran, sich seit seinem neunten Lebensjahr zu anderen Jungen in seiner Klasse sexuell hingezogen gefühlt zu haben. Als ihm diese sexuellen Gefühle klarer wurden, fühlte er sich nicht mehr ständig von der Erinnerung bedrängt, als Kind anders gewesen zu sein. Er mußte sich nicht mehr so sehr vor früheren erotischen Gefühlen schützen, die nun zunehmend akzeptabler wurden.

Während dieser Zeit ging es in vielen Therapiesitzungen um die Sehnsucht nach seinem Vater. Er erinnerte sich daran, daß sein Vater ihm *Superman*- und *Captain Marvel*-Heftchen vorgelesen und er auf dem Schoß seines Vaters ein Gefühl von Wärme und Lust verspürt hatte. Uns beiden wurde klar, daß sein sexuelles Interesse im Alter von vier Jahren an muskulösen Comic-Helden und die Erregung, mit der sie ihn erfüllten, ein verlagerter und verdeckter Ausdruck seiner verdrängten sexuellen Gefühle für seinen Vater waren.

Ein anderer junger Mann, Benjamin, suchte anfangs Hilfe, weil er ein geringes Selbstwertgefühl hatte und sowohl mit seiner Arbeit als auch mit seinem Leben im allgemeinen unzufrieden war. Er gab seine Homosexualität unumwunden zu, aber anders als Alan wünschte er in den anfänglichen Therapiestunden oft, es nicht zu sein. Er erkannte, daß seine Angst, jemandem nahe zu kommen, es ihm unmöglich machte, eine Beziehung einzugehen. Das war letztlich auch der Grund für seine große Einsamkeit. Auch er berichtete, als Kind kein Interesse an Sport gehabt zu haben, sondern an künstlerischen Dingen interessiert gewesen zu sein und schnell geweint zu haben. Dies alles hatte ihn von seinen Altersgenossen isoliert. Er spielte nur ungern mit gleichaltrigen Jungen oder Mädchen und war viel allein. Auch er hatte sich »anders« gefühlt.

Seinen Vater beschrieb er als großen, dunkelhäutigen Mann, den er als mürrisch und schroff empfand, auch wenn er immer für ihn erreichbar war. Seine Mutter bezeichnete er als sehr schön, narzißtisch mit sich selbst beschäftigt, fordernd, klammernd und besitzergreifend.

In den ersten Monaten seiner Analyse erzählte Benjamin nichts von seinen sexuellen Erfahrungen vor seiner College-Zeit. Im zweiten Analysejahr erwähnte er jedoch eine sexuelle Erfahrung, die er im Alter von zwölf Jahren gemacht hatte, als ein College-Schüler ihn einlud und ihn das Masturbieren »lehrte«. Während seiner ganzen Jugendzeit war es zu ähnlichen sexuellen Begegnungen gekommen. Als Erwachsener wurde er in seinen Phantasien gewöhnlich von dunklen muskulösen Männern angesprochen und dominiert; seine Gefühle dabei ähnelten denen, die er als Jugendlicher gehabt hatte, wenn er von zwanzig- oder dreißigjährigen Männern mitgenommen wurde.

Benjamins Selbstwertgefühl hatte durch die Bindung an seine Mutter frühe und schwere Schäden erlitten. Er hatte den Eindruck, daß sie unfähig war, ihn zu lieben, und ihn vielmehr zur Erfüllung ihrer eigenen unbefriedigten Wünsche und Bedürfnisse benutzte. Deshalb verfügte er nur über sehr begrenzte Fähigkeiten, mit anderen eine empathische oder liebevolle Beziehung einzugehen. Er hielt eine viel größere Distanz zu mir und zu anderen als Alan und hatte das Gefühl, in Plastik eingegossen zu sein.

Nach vielen Jahren der Analyse äußerte er zum erstenmal eindeutige erotische Gefühle für mich. Dabei hatte er den Wunsch, dominiert und sexuell penetriert zu werden, was ihn sehr erschreckte. Diese Wünsche gingen bald einher mit Erinnerungen an eine große Wärme und Behaglichkeit, die er empfunden hatte, wenn er an den Wochenenden mit seinem Vater morgens im Bett lag. Nach und nach erinnerte er sich, zuerst nur verschwommen und dann immer deutlicher, an sexuelle Gedanken über seinen Vater und über gleichaltrige Jungen. Diese Erinnerungen reichten bis in sein viertes Lebensjahr zurück, ein Alter, in dem er sich schon anders als die anderen Jungen gefühlt hatte. Wie Alan beschäftigte er sich jedoch zunehmend weniger mit seinem Anderssein als Kind, nachdem er den gleichgeschlechtlich-erotischen Inhalt dieser Kindheitserinnerungen erkannt hatte.

Carl traf ich das erste Mal während seines ersten Universitätsjahres. Er war schlank, glattrasiert und gutaussehend, wenn auch nicht im konventionellen Sinn. Seine Unfähigkeit, sich mit einem anderen Mann auf befriedigende Weise einzulassen, seine Einsamkeit und sein extrem geringes Selbstwertgefühl ließen ihn therapeutische Hilfe suchen. Seine sexuellen Aktivitäten beschränkten sich auf die Toilette einer öffentlichen Bibliothek und auf pornographische Buchhandlungen, was ihm große Schuldgefühle verursachte. Wie die zuvor beschriebenen Männer erinnerte sich auch Carl daran, im Alter von sieben oder acht Jahren wenig Interesse an aggressiven Aktivitäten gehabt zu haben, sensibler gewesen zu sein und mehr als andere Jungen die Natur und ästhetische Dinge genossen zu haben – eben »anders« gewesen zu sein. Manchmal hatten ihn seine Klassenkameraden gehänselt und verspottet und von ihren Parties ausgeschlossen. Er hielt diese Ablehnung für ein Zeichen, daß mit ihm wirklich etwas nicht stimmte; in seiner Grundschulzeit war er dadurch derart verletzt worden, daß er sein heutiges geringes Selbstwertgefühl anfangs ausschließlich darauf zurückführte.

Wie bei Alan oder bei Benjamin war auch bei ihm deutlich spürbar, daß er sich mir gegenüber emotional distanziert und mißtrauisch verhielt. Manchmal erwähnte er spontan, daß er sich nicht zu älteren Männern in den Vierzigern hingezogen fühle, die er als »geil« empfand und von denen er annahm, sie würden ihn ausnützen. Obwohl seine Masturbationsphantasien fast immer von mächtigen Schwarzen mit einem großen Penis und von dem Wunsch, dominiert zu werden, handelten, fühlte er sich vorwiegend zu passiven, androgyn wirkenden jungen Männern hingezogen. Analer Sex machte ihm große Angst, und oft war er zu verkrampft, um eine anale Penetration zuzulassen, besonders wenn er Zuneigung zu seinem Sexualpartner verspürte.

Manchmal erlebte er ansatzweise und nur gelegentlich auftretende Gefühle von Erregtheit für mich, die mit dem Wunsch nach einem Dominiertwerden einhergingen. In dieser Zeit begann er sich vage an sexuelle Gefühle für Jungen in seiner Klasse während seiner frühen Grundschulzeit zu erinnern. Als diese Bilder deutlicher wurden, tauchten auch die Erinnerungen an eine kindliche Zuneigung zu seinem Vater und die Ahnung von frühen sexuellen Gefühlen ihm gegenüber im Alter von etwa vier Jahren auf. Seine gegenwärtigen sexuellen Ängste begannen abzunehmen, als er sich dieser frühen sexuellen Kindheitserinnerungen bewußter wurde und sich selbst dafür weniger stark kritisierte oder verdammte.

Bei der Arbeit mit diesen und anderen homosexuellen Männern wurde mir klar, daß homoerotische Phantasien üblicherweise mindestens ab dem Alter von vier oder fünf Jahren präsent sind. Dieses Entwicklungsstadium läuft analog zu der ödipalen Phase bei heterosexuellen Jungen, mit dem Unterschied, daß das primäre Sexualobjekt homosexueller Jungen der Vater ist.

In den meisten Fällen führen die gleichgeschlechtlichen, auf den Vater gerichteten erotischen Phantasien dazu, daß diese Kinder sich erstmals anders als ihre Altersgenossen fühlen. Schon die Wahrnehmung dieser erotischen Gefühle und die Reaktion darauf können der Grund für das »atypische« Verhalten wie z. B. größere Verschlossenheit, Selbstisolierung und ausgeprägte Emotionalität sein. Andere Verhaltensweisen, die schnell als »feminin« abgestempelt werden, können auch durch die Identifikation mit der Mutter oder dem Muttterersatz entstehen. Solche Züge entwickeln sich im allgemeinen, um die Liebe und Aufmerksamkeit des Vaters auf sich zu lenken, ähnlich wie ein heterosexueller Junge sich Eigenschaften des Vaters zulegt, um die Aufmerksamkeit der Mutter zu erlangen. Einige dieser für vier- bis sechsjährige Jungen geschlechtsuntypisch erscheinenden Verhaltensweisen – ein relativer Mangel an Aggressivität, größeres Mitgefühl, Sensibilität oder ein Gefühl für Ästhetik, was alles Ergebnis dieser Identifikation sein kann – bleiben bis ins Erwachsenenalter hinein bestehen. Andere deutlich weibliche Verhaltensweisen mancher homosexueller Jungen können aufgrund des Sozialisationsdrucks in der Gruppe der Gleichaltrigen im Jugend- und Erwachsenenalter verschwinden.[2]

Nicht alle Gesellschaften haben ein so rigides Konzept des Natürlichen, Akzeptablen und typisch Männlichen oder Weiblichen. In vielen nordamerikanischen Indianerkulturen findet sich eine größere Toleranz gegenüber einem atypischen Verhalten in der Kindheit. Die Berdachen sind z. B. androgyn oder verweiblicht erscheinende Männer, die die konventionellen Rollen, die ihre Kultur den Männern zuschreibt, nicht übernehmen können oder wollen. Obwohl die soziale Stellung der Berdachen von Gesellschaft zu Gesellschaft verschieden ist, werden doch die Kinder, die in Verhalten wie auch äußerem Erscheinungsbild nicht konform sind, akzeptiert und mit besonderer Rücksicht behandelt. Oft wird ihnen in der Gesellschaft nicht nur ein gesicherter Platz, sondern auch eine privilegierte und sakrale Rolle zugewiesen wie die eines Schamanen oder einer Person, bei der der Schamane um Rat fragt. Sie können auch mit zeremoniellen Aufgaben wie der Essenszubereitung oder der Erteilung des Segens beauftragt werden.[3]

In unserer Gesellschaft, wo männliche und weibliche Verhaltensweisen und Rollen auf allen Entwicklungsstufen starr definiert sind, wird Konformität belohnt und atypisches, vor allem geschlechtsuntypisches Verhalten mit Geringschätzung betrachtet und gewöhnlich mit Erniedrigung und Verspottung bestraft. Homosexuelle Knaben im Alter von vier bis sechs Jahren, vor allem diejenigen, die in ihrem Verhalten von als typisch männlich geltenden Normen abweichen, entwickeln das Gefühl, Außenseiter oder verweiblicht zu sein. Diese frühkindliche Selbstwahrnehmung kann in der späteren Kindheit zu Verschlossenheit und Isolation führen, was wiederum die Reaktion der Gleichaltrigen beeinflußt; dies kann zu weiterer sozialer Isolation und einem Unglücklichsein führen.

3. *Väter und ihre homosexuellen Söhne*

Die meisten homosexuellen Männer berichten, anders als die heterosexuellen Männer, die zu mir zur Behandlung kommen, über ihre Kindheit, daß ihre Väter distanziert waren und kaum eine Bindung zu ihnen hatten. Die Berichte reichen von »Mein Vater war nie da, er war viel zu sehr mit seiner Arbeit beschäftigt« über »Er war das Opfer meiner Mutter, die in unserer Familie immer das Sagen hatte« bis zu dem Bild des schimpfenden und völlig unzugänglichen Vaters.

Gelegentlich werden auch Väter beschrieben, die zwar anwesend, aber völlig unbeteiligt waren. Ich bezweifle aber, daß derartige Fälle bei meinen Patienten im Vergleich zur Gesamtbevölkerung überdurchschnittlich häufig auftreten, da es ähnliche Berichte über Väter homosexueller Männer gibt, die nicht in Therapie sind.[1]

Ich war beeindruckt von der Ähnlichkeit zwischen den Erinnerungen homosexueller Männer an ihre Väter und den Berichten heterosexueller Männer von ihren Müttern. Es zeigt sich, daß diese Erinnerungen in beiden Fällen oft durch defensive Verzerrungen hervorgerufen werden. Diese entstammen der Angst, die der Erwachsene angesichts seiner frühen erotischen Bindung an diesen Elternteil verspürt. In ihren Erinnerungen distanzieren sich Homosexuelle dann von ihren Vätern, um diese erotische Bindung und ihre sexuelle Erregung in der frühen Kindheit nicht wahrnehmen zu müssen.

Man muß unbedingt einen Unterschied machen zwischen dem tatsächlichen Umgang der Eltern mit ihren homosexuellen Söhnen und den rückblickenden Wahrnehmungen und Verzerrungen dieses Umgangs. Die meisten Analytiker, die mit heterosexuellen Männern zu tun haben, geben zu, daß die durch Verdrängung entstandenen verzerrten Wahrnehmungen sowohl der Mutter als auch des Vaters von großer Bedeutung sind, aber in der therapeutischen Arbeit mit Homosexuellen wird dies nicht im gleichen Maß getan. Indem der Analytiker die Wahrnehmung eines Homosexuellen von seinem Vater einfach unanalysiert hinnimmt, kommt er zu der ungerechtfertigten Schlußfolgerung, daß die Anwesenheit eines »konstruktiven, unterstützenden, sich in liebevoller Weise einlassenden Vaters die Möglichkeit ausschließt, daß der Sohn sich homosexuell entwickelt«.[2]

Der Grund für derartige Fehlannahmen ist klar. Da die Homosexualität als ein pathologisches Phänomen und deshalb nicht in Analogie zur Heterosexualität betrachtet wird, führt die Suche nach umweltbedingten, in der Familie liegenden Krankheitsursachen dazu, daß man fälschlicherweise elterliches Fehlverhalten dafür verantwortlich macht, statt vielmehr die normalen defensiven Verzerrungen, die bei jedem Menschen in der Wahrnehmung seiner Eltern auftreten, als solche zu erkennen. Die Suche nach entwicklungsbedingten Brüchen in der frühen Kindheit eines Homosexuellen führte dazu, etwas zu entdecken, das es in dieser Form vielleicht gar nicht gibt. Die Fehlinterpretationen und die Verzerrung der therapeutischen Wahrnehmung sind das Ergebnis heterosexueller Vorurteile in unserer Gesellschaft, die einen Einfluß auf die meisten Kliniker bei ihrer Arbeit mit Homosexuellen haben.

Neben der defensiven Distanzierung von frühkindlichen erotischen Gefühlen gibt es noch weitere Gründe, warum Homosexuelle ihre Väter in der Kindheit als nicht verfügbar schildern. Es gibt eine Reihe von Vätern, die tatsächlich abwesend oder distanziert sind; aufgrund ihrer Beziehung zu ihrer Ehefrau, weil sie zu sehr mit ihrer Arbeit beschäftigt sind oder weil sie emotional eingeschränkt sind. Derartige Faktoren treten jedoch in gleicher Weise bei Vätern von heterosexuellen Söhnen auf.

Spezifisch für die Kindheit von homosexuellen Jungen gilt jedoch, daß sich die Väter in den frühen Lebensjahren des Sohnes oft als Reaktion auf dessen Homosexualität von ihm distanziert oder sogar feindselig verhalten haben. Die Väter nehmen gewöhnlich wahr, daß diese Kinder anders sind als ihre Brüder, anders als die Väter und anders als ihre Altersgenossen. Diese Jungen sind vielleicht sensibler, haben mehr ästhetische Interessen, nehmen nicht so gerne an Wettkämpfen teil und sind nicht so gesellig wie heterosexuelle Kinder. Das mag dazu führen, daß der Vater sich zurückzieht oder auch einen älteren oder jüngeren Bruder bevorzugt, der geselliger, konventioneller, »maskuliner« erscheint. Manche Väter von homosexuellen Jungen nehmen bewußt oder unbewußt wahr, daß ihre Söhne sowohl ein besonderes Bedürfnis nach Nähe als auch eine erotische Bindung an sie haben, und ziehen sich vielleicht auch deshalb zurück, weil sie Angst vor ihren eigenen homoerotischen Wünschen haben, die ihnen gewöhnlich nicht bewußt sind. Daß ein homosexueller Mann seinen Vater oft als distanziert, abwesend oder feindselig beschreibt, hängt nach meiner Erfahrung ebenso mit dem Bedürfnis zusammen, die Erinnerung an die frühe erotische Bindung an den Vater zu verzerren, wie mit dem tatsächlichen Rückzug des Vaters vor seinem homosexuellen Sohn, wenn er sich bewußt wird, daß sein Kind sich nicht so verhält wie andere Jungen im gleichen Alter, oder weil er selbst Angst bekommt vor der intensiven Bindung seines Sohnes an ihn.

Der Rückzug des Vaters, der immer als Ablehnung empfunden wird, kann ein Grund sein für das geringe Selbstwertgefühl und das Gefühl von Unzulänglichkeit, das manche Homosexuelle verspüren. Er ist auch ein wichtiger Grund für die Schwierigkeiten, die manche Homosexuelle damit haben, liebevolle und auf Vertrauen basierende, statt aggressive und trotzige Beziehungen einzugehen.[3]

Das Andauern einer frühen erotischen Zuneigung zum Vater wie das Bedürfnis, sich dagegen zu wehren, prägen das Liebesleben des erwachsenen Homosexuellen entscheidend.

Benjamin, der mit 27 Jahren eine Analyse begann, weil er depressiv und mit seinem Leben unzufrieden war, habe ich bereits erwähnt. Er berichtete, daß er sich etwa seit seinem achten Lebensjahr zu anderen Jungen sexuell hingezogen fühlte, aber er war von seiner Homosexualität bedrückt, weil er nicht in der Lage war, befriedigende Beziehungen einzugehen. Seine sexuellen Aktivitäten beschränkten sich fast ausschließlich auf Kontakte zu Strichjungen, deren Zuwendung er mit Geld kontrollieren konnte und mit denen jede Form von Intimität unmöglich war. Er befand sich oft in körperlicher Gefahr, da viele dieser Strichjungen drogenabhängig waren, und mit der Zeit drohte als noch größere Gefahr das Risiko, sich mit AIDS zu infizieren, wogegen er jedoch blind zu sein schien.

Benjamins Beschreibung seiner Familie schien mit den üblichen Konzepten zur Entstehung der Homosexualität übereinzustimmen. Seine Mutter, so berichtete er, klammerte sich an ihn und verstärkte noch seine Abhängigkeit, die ihr die Erfüllung ihrer eigenen unbefriedigten Bedürfnisse ermöglichte. Anfangs schilderte er seinen Vater als kalt, emotional distanziert und aufgrund seiner Arbeit oft abwesend.

In den ersten zwei Jahren der Analyse zeigte sich Benjamin sowohl der Analyse als auch mir als seinem Analytiker gegenüber gleichgültig. Er ließ sich nur sehr distanziert und formal auf unsere gemeinsame Arbeit ein. Im dritten Analysejahr begann er sich an homoerotische Gefühle zu anderen Jungen zu erinnern, die er mit etwa fünf Jahren gehabt hatte. Danach änderten sich sowohl seine Träume als auch die Art unserer Beziehung.

Diese Veränderung wurde durch den folgenden Traum eingeleitet: »Ich befinde mich mit diesen Leuten auf einem Dach. Sie fangen an, sich in Mustern über das Dach hin zu bewegen. Erst schauen sie blaß oder weiß aus, dann entfernen sie sich. Ich finde die Muster spannend.« Er assoziierte Leute, die in Konzentrationslagern gewesen und bei Kriegsende befreit worden waren. Er dachte an einen Bekannten, der, wie er meinte, nicht diese

Komplexe wie er hatte und im Hier und Jetzt lebte. Dann sah er seinen Vater und mich als Unterdrücker, wie es die Nazis gewesen waren, und erinnerte sich daran, daß er am Abend zuvor jemanden in einer Bar getroffen hatte, den er attraktiv gefunden hatte. »Er erinnerte mich an einen Dieb, den ich mal gekannt habe. Beide fand ich sehr erregend.« Schließlich dachte er über die dubiosen Geschäfte seines Vaters nach und fragte sich, ob er seinen Vater als Kind jemals »erregend« gefunden hatte.

Einige Tage später hatte er den folgenden Traum: »Zwischen mir und Fred (seinem Chef, den er sehr gern mochte) taucht ein Pferd auf. Fred greift nach oben und zerschneidet die Laken am Kopfende des Bettes, um das Pferd zu bedecken.« Dann erinnerte er sich daran, daß er als Kind im gleichen Raum mit seinen Eltern geschlafen hatte. Seine Mutter schlief »wie ein Pferd« und lag gewöhnlich zwischen ihm und seinem Vater. Als er mir dies erzählte, verspürte er eine vage sexuelle Erregung und erinnerte sich an ein Gefühl des Hingezogenseins zu seinem Vater, als er etwa vier Jahre alt gewesen war. Er konnte sich an ein Gefühl von Wärme erinnern, das er neben ihm liegend empfunden hatte. In den darauffolgenden Wochen erregten Stimmen und Gerüche, die er mit seinem Vater in Verbindung brachte, in ihm quasi-sexuelle Gefühle und Empfindungen. Nun erinnerte er sich auch an einige angenehme Eigenschaften seines Vaters, Fröhlichkeit, Intelligenz und manchmal Wärme. Auch in seiner Beziehung zu mir tauchten zum erstenmal erotische Gedanken und Gefühle auf, sogar ein gelegentlich geäußerter Wunsch nach Fellatio oder daß ich ihn anal penetrieren solle.

Im gleichen Maße, wie er nun seinen Vater und mich in einem anderen Licht sah, wandelten sich auch seine Beziehungen zu anderen Männern. Allmählich konnte er es zulassen, sexuelle Ansprechbarkeit und intime Nähe zu empfinden. Einige Monate später begegnete er seinem ersten Geliebten. Aber je näher er sich diesem und mir fühlte, desto deprimierter, ängstlicher und beschäftigter war er damit, über seine körperlichen Beschwerden zu klagen. Das stand wohl in Zusammenhang mit der äußerst komplizierten Beziehung zu seiner Mutter, an die er sich bei jedem Gefühl von Nähe aufs neue erinnert fühlte. Aber auch die verdrängten erotischen Gefühle zu seinem Vater hatten etwas damit zu tun. Bei seinen früheren sexuellen Kontakten, die unverbindlich oder anonym abgelaufen waren, hatte er sowohl eine anale Penetration als auch Fellatio zulassen können; jetzt aber, als diese Wünsche in der intimen Beziehung mit seinem neuen Freund oder auch in der Beziehung mit mir auftauchten, und zwar in Verbindung zu der Erinnerung an die Gefühle für seinen Vater, flößten sie ihm große Angst ein. Er kam zu der Überzeugung, daß mir seine wachsenden sexuellen Gefühle für mich Angst einflößen müßten und ich mich deshalb mehr von ihm entfernen würde. Diese Vorstellung war sowohl eine Projektion seiner eigenen Angst wie auch eine frühe Erinnerung an seinen Vater. Er erinnerte sich an dessen Ablehnung und meinte: »Ich glaube, er wußte, daß ich mich zu ihm hingezogen fühlte, daß ich vielleicht sogar in ihn verliebt war, und daraufhin zog er sich zurück.«

Dieser kurze Bericht kann nicht die vielen Determinanten aller Gefühle oder Verhaltensweisen, die im Verlauf der analytischen Arbeit geklärt werden, in ihrer vollen Komplexität abdecken. Ich möchte damit nur Benjamins tief verdrängte und mächtige, in seiner Kindheit wurzelnde erotische Liebe zu seinem Vater herausstellen. Die Verdrängung dieser erotischen Gefühle spielte eine wichtige Rolle bei seiner Abwehr und Distanzierung gegenüber allen Männern. Im weiteren Verlauf unserer Arbeit lernte Benjamin die Art seiner erotischen Gefühle zu seinem Vater und auch sein Bedürfnis, ihn als kalt und lieblos zu erinnern, um diese Gefühle abzudrängen, besser verstehen. Er fing auch an, sich verstärkt an die Wärme, Akzeptanz und Liebe seines Vaters zu erinnern und sie nochmals zu erleben. In der Folge verbesserten sich seine Beziehungen zu anderen Männern wesentlich, und schließlich fand er einen festen Freund.

Die Geschichte eines anderen jungen Mannes verdeutlicht nochmals, wie die frühkindliche Verdrängung erotischer Sehnsüchte nach dem Vater dazu beitragen kann, das Liebesleben eines homosexuellen Mannes im Erwachsenenalter zu behindern und das Aufnehmen von intimen, engen Bindungen zu erschweren. Edward kam im Alter von 24 Jahren zu mir, weil er unter mäßigen Depressionen litt, die zum Teil seiner Einsamkeit zuzuschreiben waren. Seine Homosexualität machte ihm kaum bewußte Angstgefühle, da er das Gefühl hatte, »immer homosexuell gewesen zu sein«. In seiner frühen Jugend hatte er sich zu bestimmten Lehrern hingezogen gefühlt. Seine erste sexuelle Begegnung hatte mit fünfzehn Jahren stattgefunden; seitdem hatte er einige kürzere Beziehungen gehabt, die ihn jedoch nicht besonders befriedigt zu haben schienen. Außerhalb einer Beziehung hatte er äußerst selten sexuelle Kontakte gehabt, auch wenn diese Beziehungen immer nur von kurzer Dauer waren, weil sie ihn schnell langweilten, ihn nicht zufriedenstellten und keine Leidenschaft aufkommen ließen. Wenn dies aber doch eintrat, verlor er das Interesse an der Fortführung der Beziehung, weil er den Eindruck hatte, daß die sexuelle Erregung etwas »Vulgäres« an sich hatte.

Edward beschrieb seine Mutter als liebevoll und intelligent. Er fühlte sich ihr immer sehr nahe, wobei er sie jedoch nicht als klammernd oder aufdringlich empfand; seinen Vater beschrieb er als distanziert, vorurteilsvoll und in gewisser Weise dominierend. Er drückte ein ziemlich starkes Mißfallen ihm gegenüber aus. Es gab ganz deutliche Parallelen zwischen seinen Gefühlen zu anderen Männern und dem Mißtrauen, das er seinem Vater entgegenbrachte.

Zu Beginn der Behandlung erinnerte er sich an einen Vorfall, bei dem ihn ein älterer Mann liebkost hatte, als er etwa acht Jahre alt war. Anfangs verband er diese Erinnerung mit Gefühlen von starkem Ekel, Bedauern und Angst, aber im dritten Jahr der Analyse erinnerte er sich auch an eine Erregung, die er bei dieser Begegnung empfunden hatte.

Ein paar Wochen später begann er sich zu erinnern, daß der Anblick des Penis seines Vaters ihn sexuell erregt hatte. Danach fühlte Edward sich weniger gehemmt und hatte ein größeres Interesse an sexuellen Kontakten zu anderen Männern.

Die sexuelle Begegnung im Alter von acht Jahren hatte ihm

zwar Angst gemacht, aber auch dazu gedient, das frühe erotische Interesse an seinem Vater zu verdecken. Nach und nach ließen die Verdrängung und Leugnung der Erinnerung erotischer Gefühle in seiner Kindheit nach, und er konnte seine sexuellen Phantasien leichter zulassen und ganz allgemein auch seine sexuellen Gefühle leichter und aktiver ausdrücken.

Beide Fälle lassen etwas ahnen von der Art der Kindheitsromanzen homosexueller Kinder mit ihren Vätern. Die Abwehr dieser erotischen Gefühle kann zu einer Verzerrung der Wahrnehmung anderer Männer und zu einer Furcht vor Intimität führen, und sie könnte die wichtigste psychologische Ursache für gehemmte und frustrierende Beziehungen im Erwachsenenalter sein.[4]

Der Rückzug des Vaters

Wie bereits erwähnt, können sich Väter von homosexuellen Söhnen zurückziehen, weil sie es als unangenehm empfinden, daß ihre Söhne sich so eng an sie binden und sich so stark zu ihnen hingezogen fühlen, oder weil sie fühlen, daß ihre Söhne in für sie nicht akzeptablem Maß »anders« sind.

Glens Vater war ein Arbeiter, der für die Zukunft seiner Kinder ambivalente Wünsche hatte. Einerseits schien er den Wunsch zu haben, sie möchten es zu mehr bringen als er, andererseits schien er sie um ihre Fähigkeiten zu beneiden. Glen konnte sich gut artikulieren, er war ein intelligentes, verbal geschicktes und frühreifes Kind, was ihn von seinen Eltern unterschied, die zwar intelligent, aber ungebildet waren. Er war auch in vielen anderen, bereits beschriebenen Aspekten »anders«: ziemlich desinteressiert an aggressiven Aktivitäten, sensibel, etwas verschlossen und engagiert bei kreativen Projekten. Er berichtete, daß seine ersten gleichgeschlechtlichen Sexualphantasien ziemlich früh aufgetaucht waren, auch wenn der Zeitpunkt nicht ganz klar war. Er meinte sich jedoch zu erinnern, daß sie wohl im präpubertären Alter, zwischen acht und neun Jahren, angefangen hätten.

Glen begann seine Analyse mit einem starken Vaterkonflikt. Er äußerte Haß auf seinen Vater, da die starke väterliche Ablehnung seiner Lebensweise bei ihm Panik ausgelöst habe. Als Glen seinen Eltern vor mehr als fünf Jahren seine Homosexualität gestanden hatte, hatte sein Vater wütend ausgerufen: »Ich habe dich immer gehaßt.« Bis vor kurzem hatte er sich geweigert, Glen zu treffen oder ihn in sein Haus einzulassen. Der Gedanke, niemals die Liebe und Zuwendung seines Vaters gewinnen zu können, ließ Glen völlig verzweifeln.

Im Lauf der Analyse wurde deutlich, daß der Vater sich von Glen nach einer anfangs sehr engen Bindung zurückgezogen hatte, als ein Bruder geboren wurde und das Interesse des Vaters sich von Glen ab- und dem neuen Sohn zugewandt hatte.

Glen beschrieb seinen Vater als jemand, der gerne sehr männlich auftrat; aber er hatte auch gerne seine schauspielerischen Ambitionen ausgelebt. Bei einer oder zwei Gelegenheiten hatte er in einer lokalen Theateraufführung mit großem Spaß Frauenrollen übernommen. Glen vermutete, der Rückzug seines Vaters habe möglicherweise auch etwas mit dessen Furcht vor latenten eigenen homoerotischen Gefühlen sowie mit der Eifersucht auf die enge Beziehung, die Glen zu seiner Mutter hatte, zu tun gehabt. Die Wut und Feindschaft, die beide offensichtlich gegeneinander empfanden, hatten sich aufgrund von Glens Zorn entwickelt, als sein Vater auf ihn mit Rückzug und Ablehnung reagierte. So konnte dieser junge Mann sein Verletztsein und seinen Ärger nur dadurch zeigen, daß er den Vater manchmal mehr, manchmal weniger subtil erniedrigte. Glens Selbstwertgefühl und Selbsteinschätzung litten sehr unter der väterlichen Ablehnung, und diese war größtenteils daran schuld, daß er starke Angst verspürte, wenn er jemandem begegnete, der ihm gefiel. Er nahm von vornherein an, daß jede Beziehung, wie die zu seinem Vater, unglücklich und mit Ablehnung enden müsse, was ihn daran hinderte, mit einem anderen Mann eine enge, liebe- und verständnisvolle Verbindung einzugehen.

Auch Carls Vater hatte sich zurückgezogen, als er das »Anderssein« seines Sohnes wahrnahm. Carl war sechs Jahre lang in analytischer Behandlung und hatte mit der Therapie begonnen, weil er sich selbst verabscheute, ein ambivalentes Verhältnis zu seiner Sexualität und mit intimen Beziehungen Probleme hatte. Er konnte innerhalb einer Beziehung die Sexualität nicht genießen, hatte jedoch häufige sexuelle Gelegenheitskontakte. Anfangs meinte er, sein Vater sei immer sehr distanziert gewesen; er verachtete ihn wegen seines – wie er es empfand – Mangels an Stärke und wegen seiner Unterwürfigkeit. In seinen Träumen und Phantasien spiegelten sich verdrängte erotische Wünsche und Phantasien dem Vater gegenüber.

In den Anfangsjahren der Analyse beklagte sich Carl darüber, daß seine Mutter sich von ihm zurückgezogen hatte, als er etwa drei oder vier Jahre alt war und ein jüngerer Bruder geboren wurde. Später erkannte er deutlich, daß sich auch sein Vater zu diesem Zeitpunkt von ihm entfernt und seinen Bruder bevorzugt hatte, der den üblichen männlichen Konventionen mehr entsprach.

Der Rückzug des Vaters und die Bevorzugung eines anderen, meist jüngeren und in konventionellerer Weise männlichen Bruders oder auch einer Schwester, wie in diesen beiden Fällen geschildert, taucht oft in der Erinnerung von homosexuellen Männern auf. Die Wut auf und die Rivalität zu solchen Geschwistern überdecken oft die Wut auf den Vater wegen dessen Ablehnung; aber auch die erotischen Gefühle für den Vater können durch eine Wut auf den Bruder oder die Schwester verborgen werden.

Homosexuelle Männer und ihre Mütter

Auch wenn ich die besondere Bedeutung der Vater-Beziehung hervorhebe, will ich nicht die Bedeutung der primären Beziehung mindern, die jeder Mensch, ob hetero- oder homosexuell, Mann oder Frau, zu der in den ersten Lebensjahren Schutz und

Nahrung gewährenden Mutter hat. Alle Beziehungen, und speziell die intimen, sind durch das Wesen dieser ersten Beziehung zutiefst beeinflußt; eine besondere Rolle spielt das Gefühl von Sicherheit und Liebe, Trost und Zuwendung, wodurch das Kind sich wohlfühlt und ein Selbstwertgefühl entstehen kann.

Während sich die Schilderungen homosexueller Männer von ihren Vätern oft ähneln, sind ihre Beschreibungen der Mutter-Beziehungen meist sehr unterschiedlich. Die Männer, die sich selbst und ihre Sexualität positiv erleben, bezeichnen ihre Mütter oft als » gut genug«. Homosexuelle können auch – oft unbewußte – Neid- und Konkurrenzgefühle gegenüber Frauen empfinden, die der Rivalität zur Mutter um die Aufmerksamkeit des Vaters entstammen. Wenn manche Homosexuelle ihre Mütter als unterdrückend oder vereinnahmend schildern oder behaupten, daß diese sie von ihren Vätern ferngehalten haben, entspringt auch dies manchmal der Wut oder dem Neid auf die Nähe der Mutter zum Vater.

In meiner Arbeit mit Carl wurde dieser Sachverhalt sehr deutlich. Am Anfang der Therapie meinte er, seine Mutter habe sich zwischen ihn und seinen Vater gedrängt. Viel später erinnerte er sich, daß sie ihn sogar ermuntert hatte, mehr mit seinem Vater zusammen zu unternehmen. Diese Erinnerung tauchte jedoch erst auf, nachdem er seine ungestillte Sehnsucht nach dem Vater und seine beträchtliche Wut auf die Mutter wegen ihres leichten Zugangs zu diesem verstanden hatte.

Ein homosexueller Mann kann sehr enge, oft ein ganzes Leben anhaltende Freundschaften zu Frauen haben. Viele Homosexuelle berichten, daß es ihnen mit ihren weiblichen Freunden besser gehe als mit ihren homosexuellen, daß diese sie besser verstehen könnten und auch, daß es ihnen leichter falle, intime Details aus ihrem Leben mit ihnen zu teilen.

Oft existiert eine unterschwellige Verbundenheit mit Frauen, die darauf beruht, daß beide sich zu Männern hingezogen fühlen, eine Verbundenheit, wie sie ursprünglich mit der Mutter bestand. Indem beide sich um den Vater bemühen, kann ein homosexuelles Kind von vier bis sechs Jahren sogar einige Charakterzüge der Mutter annehmen. Die beiderseitige Verbundenheit und Nähe setzt sich manchmal bis ins Erwachsenenalter hinein fort und weitet sich auf andere Frauen aus.

Erotische Zuneigung zum Vater im Erwachsenenalter

Wie äußern sich bei homosexuellen Männern die Auswirkungen ihrer immer noch vorhandenen, aber gewöhnlich konfliktbeladenen und verdrängten erotischen Zuneigung zu ihren Vätern? Als Erwachsener tendierte Benjamin dazu, sich oft krank und hilflos zu fühlen. Er erinnerte sich daran, daß er, wenn er als Kind krank war, seinen Vater dadurch von dessen Beschäftigung mit sich selbst abbringen oder ihn von der Mutter wegziehen konnte. Gelegentlich täuschte er eine Krankheit vor, um seinen Vater dazu zu bringen, sich so um ihn zu kümmern, wie er sich um Benjamins Mutter kümmerte. Im Erwachsenenalter waren seine Besorgnis über seinen körperlichen Zustand und seine häufigen somatischen Beschwerden von dem gleichen unbewußten Wunsch motiviert: Seinen Vater dazu zu bringen, sich um ihn zu kümmern.

Jim begann eine Analyse, da er eine ambivalente Einstellung zu seiner Sexualität hatte und Depressionen und Ängste verspürte. Wenn ein netter oder attraktiver Mann ihn mochte, regte ihn dies an, aber dann begann er sich zu hassen und sich dumm und unattraktiv zu finden. Er meinte: »In den Armen eines kalten Mannes kommen diese Gefühle nicht auf.« Selbstverständlich konnten mit einer derartigen Einstellung zu Liebe und Sexualität keine Intimität oder sexuelle Befriedigung entstehen. Während eines Urlaubs hatte Jim einmal einen Vater und dessen Sohn beim Betreten des Speisesaals beobachtet. Er erinnerte sich daran, daß er sich eher zu dem Vater als zu dessen Teenagersohn hingezogen gefühlt hatte. Er begann sich unwohl zu fühlen, als er sich eingestand, daß er immer »Daddys kleines Mädchen« hatte sein wollen. Er erkannte auch, daß er immer, wenn er sich dumm oder widerlich fand, das Gefühl hatte, »wie eine Frau« zu sein, was er in Verbindung brachte mit seinem Gefühl von Hilflosigkeit und seinem Wunsch, von anderen Männern umsorgt zu werden. Er erinnerte sich daran, daß sein Vater sich gerne um andere Menschen gekümmert hatte und seine Mutter oft eine ähnliche Haltung gegenüber seinem Vater eingenommen hatte. Jim phantasierte, sowohl sein Vater als auch ich würden ihn lieber mögen, wenn er sich so mädchenhaft verhielte, wie es seine Mutter getan hatte. Er wollte »Daddys kleines Mädchen« sein, nicht weil er ihn als Bedrohung erlebte und ihn besänftigen wollte, sondern weil er sich ihm zugehörig fühlen wollte.[5]

Wie ich schon früher feststellte, spricht nichts dafür, daß eine frühe gestörte Mutter-Kind-Beziehung die Identifikation mit der Mutter hervorruft, was gewöhnlich als Hauptursache der männlichen Homosexualität angesehen wird. Die Identifikation mit der Mutter kann jedoch das Wesen und die Qualität der sexuellen Beziehungen des Erwachsenen beeinflussen. Wenn diese Identifikation beim homosexuellen Kind durch erotische Wünsche nach dem Vater motiviert ist, kann sie dazu beitragen, daß ein homosexueller Mann lieber passiv ist und dominiert werden will. Ängste und Schuldgefühle angesichts solcher passiven Tendenzen können zeitweise die sexuellen Wünsche hemmen.[6]

Nachdem Benjamin jahrelang fast ausschließlich zu Strichjungen sexuelle Kontakte gehabt hatte, fühlte er sich »krank« und war von Selbstverachtung erfüllt, wenn er einen Mann näher kennenlernte. Je größer die Nähe wurde, um so mehr erregten seine sexuellen Gefühle und Impulse seinen Abscheu. Er reagierte damit auf die Ängste vor seinen frühen und immer noch vorhandenen erotischen Gefühlen gegenüber dem Vater, die durch jede enge Beziehung aufs neue geweckt wurden, was dazu führte, daß er sich in diesem Moment »wie eine Frau« fühlte. Nur bei Strichjungen, die er ein- oder zweimal traf und mit Geld kontrollieren konnte, war es ihm möglich, passiv zu sein und analen Sex zuzulassen. In einer länger dauernden Beziehung, in der er seine unterdrückten Gefühle für seinen Vater nicht erfolgreich verdrängen oder verleugnen konnte, führten seine Wünsche nach der passiven Rolle beim Geschlechtsverkehr zu Ängsten und häufiger Impotenz.

Edward konnte nur unter großen Schwierigkeiten über seine Phantasien von passivem Sexualverhalten sprechen. Wünsche, die er als »mädchenhaft« bezeichnete, erfüllten ihn mit Pein und Ekel. In den meisten seiner Sexualphantasien war er der passive Partner bei analem Sex, aber die »weiblichen« Gefühle, die er dabei assoziierte, fand er so widerlich, daß er sich diese sexuelle Befriedigung nur sehr selten zugestehen konnte. Als ihm seine frühen erotischen Sehnsüchte nach seinem Vater klarer wurden, verringerte sich sein Konflikt, den er wegen dieser sexuellen Aktivitäten hatte.

Carl litt wahrscheinlich von allen meinen Patienten am stärksten unter seinen passiven Sexualphantasien. Obwohl er sich in seinen Phantasien Männer mit einem großen Penis vorstellte, die anal mit ihm verkehrten, war er immer viel zu angespannt, um dies tatsächlich zuzulassen. Gelegentliche, anonyme sexuelle Begegnungen, die er als »zwanghaft« und »furchtbar« beschrieb, waren zum Teil dadurch motiviert, daß er die passiven Gefühle, die in jeder intimen, warmen und liebevollen Beziehung aufkommen, vermeiden wollte. Seine passiv-rezeptiven Wünsche stießen ihn ab, und er glaubte, daß jeder ihm Nahestehende ihn wegen dieser Gefühle hassen würde. Als er im Verlauf der Analyse eine bewußte Verbindung zwischen diesen Bedürfnissen und seinen frühkindlichen Wünschen nach seinem Vater herstellen konnte, verringerten sich dieser Konflikt wie auch seine Selbstzerstörungstendenzen.

Natürlich identifizieren sich alle hetero- wie homosexuellen Kinder immer mit beiden Elternteilen oder dem Elternersatz. Aber diese Identifikation kann verschiedene Auswirkungen haben. So kann z. B. die Identifikation mit dem Vater dazu führen, daß Homosexuelle eine aktivere, dominantere Rolle in ihren Sexualaktivitäten bevorzugen, obwohl sie sich immer noch eine Vaterfigur als Geschlechtspartner ersehnen. Als Kinder legen sich diese Homosexuellen Eigenschaften ihrer Mütter zu, um ihre Väter anzuziehen. Tatsächlich bevorzugen manche der am weiblichsten erscheinenden Homosexuellen in ihren sexuellen Kontakten die aktivere Rolle; allerdings kann auch das Gegenteil der Fall sein.

Aber ein Konflikt kann auch ohne die Identifikation mit den als passiv erlebten sexuellen Wünschen der Mutter entstehen. Scott übernahm beim Analverkehr lieber die aktive Rolle, aber manchmal war er gehemmt oder impotent, weil er eine Verbindung zwischen sich und seinem Vater sah. Sein Vater hatte sowohl ihn als auch seine Mutter oft geschlagen, und unbewußt hatte er Angst, er könne seinen Geliebten verletzen, wenn er wie sein Vater wäre. Dieser junge Mann schränkte seine Lust ein, um seinen Geliebten zu schützen.

Verborgene, verdrängte oder verleugnete erotische Gefühle für den Vater können die sexuelle Bereitschaft bei manchen homosexuellen Männern hemmen, wie dies auch bei heterosexuellen eintreten kann, wenn sie die auf ihre Mütter gerichteten Wünsche verdrängen oder abwehren. Wenn homosexuelle Männer den Ursprung dieser alten, aber immer noch vorhandenen sexuellen Wünsche besser verstehen, verringern sich ihre Konflikte, und ihre sexuellen Phantasien und Aktivitäten werden bereichert. Gewöhnlich steigert sich das Vergnügen an der passiven Rolle oder an den weniger konfliktbeladenen, aktiveren sexuellen Praktiken und Wünschen; das volle Spektrum sexueller Phantasien kann besser genossen werden, und die Entscheidung über die Art und den Zeitpunkt sexueller Aktivität wird einfacher.

4. *Homosexuelle Männer in ihrer Jugend und im frühen Erwachsenenalter*

Die meisten Psychoanalytiker gehen davon aus, daß ein Kind »mit homosexuellen Neigungen« in der Jugend eine zweite Chance hat, seine Homosexualität mit angemessenem psychologischen Beistand zu bewältigen und die frühkindlichen, einer heterosexuellen Entwicklung im Wege stehenden Erfahrungen aufzuarbeiten. Aus therapeutischer Sicht halte ich diese Einstellung für sehr abträglich im Hinblick auf das Selbstwertgefühl eines homosexuellen Jugendlichen. Denn dieses ist ohnehin bereits schwer belastet durch frühere Erfahrungen der väterlichen Ablehnung und der Entfremdung von Gleichaltrigen. Von früher Kindheit an werden die Weichen gestellt, ob man sich zu einer Person des gleichen oder des anderen Geschlechts hingezogen fühlt. Der implizite oder explizite Vesuch, die Sexualität eines homosexuellen Jugendlichen den Konventionen oder Erwartungen der Gesellschaft anzupassen, führt nur dazu, daß man verstärkt sich selbst als unerwünscht und seine Sexualität als abstoßend wahrnimmt, und trägt dazu bei, daß man sich später eine Übereinstimmung von Sexualität und Zuneigung in ein und derselben Beziehung kaum vorstellen kann. Wie ein heterosexueller Jugendlicher homosexuelles Verhalten ausprobiert, kann auch ein Homosexueller mit der Heterosexualität herumexperimentieren, aber seine Phantasien und sexuellen Impulse sind nach wie vor überwiegend homosexuell.

Jedes Kind trägt zu Beginn seiner Jugend an einer Last von Schuldgefühlen wegen verbotener erotischer Gefühle und Impulse in der Kindheit. Das Jugendalter, in dem ein Kind eine physische und emotionale Distanz zu seinen Eltern herzustellen versucht, in dem die Anerkennung und die Werte Gleichaltriger immer wichtiger werden und sexuelle Impulse neue und oft erschreckende Macht gewinnen, ist eine angstauslösende Zeit.

Die Entwicklung einer sexuellen Identität setzt sich in der Jugend fort und wird durch homoerotische Phantasien, Masturbieren mit homoerotischen Vorstellungen, durch die sexuelle Anziehungskraft anderer Jungen und die ersten sexuellen Erfahrungen gefestigt. Dieser Prozeß mündet in der späteren Jugend normalerweise darin, daß man sich selbst als homosexuell identifiziert oder ein »Coming Out« stattfindet.[1] Für den homosexuellen Jugendlichen kann dieses Entwicklungsstadium besonders beängstigend sein. Gewöhnlich hat er noch größere Schuldgefühle als ein heterosexueller Junge, weil er wahrnimmt, daß seine sexuellen Gefühle und Impulse andere sind als die seiner Familie oder Gleichaltriger. Sein Selbstwertgefühl hat oft schon unter dem Rückzug des Vaters gelitten, unter der Ablehnung der anderen Jungen, unter der Wahrnehmung und Selbstetikettierung seines »Andersseins« und unter der Verinnerlichung der gesellschaftlichen Vorurteile und Fehleinschätzungen. Diese frühen Erfahrungen führten dazu, daß er nun glaubt, seine Sexualität sei unmoralisch oder verachtenswert, und er selber sei entweder krank oder schlecht. Es fällt dem homosexuellen Jugendlichen schwer, genügend Selbstachtung aufzubringen, um sich ohne großen Schmerz und erhebliches Zögern seine Homosexualität einzugestehen.[2]

Alans Erinnerungen an seine Jugend liefern ein gutes Beispiel für die anhaltende Verleugnung, die diesem Eingeständnis vorangehen kann. Anders als viele homosexuelle Jugendliche war Alan in der High School sehr beliebt. Er wirkte männlich, sah gut aus, war intelligent und sensibel für die Bedürfnisse anderer Jungen und Mädchen. Aber er fühlte sich immer als Außenseiter und blieb auch abseits, weil er sich stets als »anders« empfand. Er versuchte zwar »dazuzugehören«, indem er sich die ganze High School-Zeit hindurch mit einem Mädchen verabredete. Er war ihretwegen nicht sexuell erregt, glaubte jedoch, mit ihr schlafen zu müssen, weshalb er sich vor den meisten Verabredungen unwohl oder krank fühlte. Sie schliefen nie miteinander, und nach einigen Jahren brach die Verbindung ab.

Da Frauen ihn nicht erregten, konnte er mit anderen Jungen nicht über Sex reden, ohne ihnen etwas vorzumachen. Außerdem hatte er wieder das Gefühl, daß etwas nicht mit ihm stimmte, weil er sich zu seinen Klassenkameraden und Freunden hingezogen fühlte, und daß er mit niemandem darüber reden dürfe. Da Homosexuelle in den meisten Filmen als verweiblicht dargestellt wurden und dies die einzigen Männer waren, die er klar als Homosexuelle identifizieren konnte, assoziierte er Homosexualität mit Verweiblichtsein. Er glaubte daher, seine sexuellen Impulse seien Teil einer vorübergehenden Phase und würden schließlich verschwinden, wenn die »richtigen« sexuellen Bedürfnisse irgendwann in der Zukunft seine aktiven homosexuellen Phantasien ersetzen würden.

Alans bester Freund im College war homosexuell. Dieser Freund hatte ein sexuelles Interesse an ihm, und auch Alan fühlte sich zu ihm hingezogen, aber er konnte diese Gefühle nicht mit einer Sexualität in Verbindung bringen, die für ihn nicht akzeptabel und daher nicht benennbar war. »Für ihn war das in Ordnung«, meinte er, »aber nicht für mich. Wissen Sie, bevor ich wußte, daß ich homosexuell war, war ich ein Freigeist.«

Im Alter von 23 Jahren in seinem ersten Jahr auf der Graduate School verliebte er sich. Durch die Intensität dieses Gefühls konnte er erkennen und sich auch eingestehen, daß er tatsächlich homosexuell war. Diese erste Beziehung war leidenschaftlich, stürmisch, liebevoll und warm und hielt fast zwei Jahre an. Sich zu verlieben ist für manche homosexuellen jungen Männer wie Alan die einzige Erfahrung, die den in den vorangegangenen Jahren der Entfremdung und der Selbstverachtung entstandenen Widerstand und die Abwehr durchbrechen kann.

Ein anderer junger Mann, Gregory, hatte seit seiner frühen Jugend und vermutlich schon seit seiner frühen Kindheit so gut wie ausschließlich homoerotische Phantasien. Er wuchs in einer katholischen Familie in dem Glauben auf, Homosexualität sei eine Sünde. Im Alter von sechzehn Jahren hatte er zwei oder drei heterosexuelle Gelegenheitskontakte, aber sie waren weder sexuell noch emotional befriedigend. In den darauffolgenden zwei Jahren machte er mehrere homosexuelle Erfahrungen, die sehr lustvoll waren, aber keine emotionale Bedeutung hatten. Trotz dieser Erfahrungen gab er seine Homosexualität nicht zu, sondern glaubte wie Alan, daß dies nur eine vorübergehende Phase sei, Teil einer Jugend »voller Tumult und Rebellion«. Er bemühte sich, eine emotionale Bindung zu anderen Jungen zu vermeiden, denn dies hätte die Beziehung zu seinen Eltern gefährdet oder, wie er mir später erzählte, ihm klar gemacht, daß er tatsächlich homosexuell war.

Im Alter von 26 Jahren traf er einen jungen Mann, den er sehr anziehend fand und in den er sich verliebte. Er verbrachte fast jeden Abend und jedes Wochenende mit seinem Geliebten, und diese Freundschaft gab ihm allmählich immer mehr Halt und emotionale Befriedigung. Obwohl er anfangs Schuldgefühle hatte, verbesserten sich seine Leistungen im Studium, er begann sich mehr in seiner Ganzheit zu spüren und allmählich ein besseres Bild von sich zu bekommen. Nach einer Weile konnte er sich nicht nur offen als Homosexuellen sehen, sondern fühlte sich dabei auch wohl. Zum erstenmal spürte er kein Bedauern, keine Schuld. Die Liebesbeziehung ermöglichte es Gregory, seine homosexuelle Identität zu festigen.

Es kann gar nicht oft genug betont werden, wie wertvoll eine wechselseitige liebevolle Beziehung für die Selbstbestätigung ist. Die Erfahrung dieser beiden Männer ähnelt der vieler homosexueller Jugendlicher, die sich ihre sexuelle Orientierung erst nach einem relativ plötzlichen Zusammenbruch ihrer Abwehr und Verdrängung eingestehen können. Oft wird dies als »Aha«-Erlebnis beschrieben, wenn ein bis dahin nicht akzeptiertes sexuelles Erregungsmuster mit einem Sexualobjekt zusammentrifft. Es ist ein Gefühl, als ob die Teile eines alten Puzzles plötzlich zusammenpassen oder, wie es Alan beschrieb: »Bis dahin hatte ich das Gefühl, daß ich mich nie verlieben könnte, daß ich keine sexuellen Gefühle hätte oder je verspüren würde und daß die Gefühle, die ich hatte, nicht das waren, was sie eigentlich sein sollten.« In der Folge stellt sich dann oft ein Gefühl der Erleichterung, des Sichwohlfühlens und der »Richtigkeit« ein.

James Baldwin beschreibt in *Giovannis Zimmer* den Augenblick, als er das erste Mal seine Empfindungen für einen anderen Mann erkennt:

»Ich mußte lachen und packte ihn bei seinem Kopf, wie ich das oft tat, wenn wir uns im Scherz oder im Ernst balgten. Doch als ich ihn diesmal berührte, geschah etwas in ihm und mir, was bewirkte, daß sich diese Berührung von jeder anderen unterschied, die er oder ich je erlebt hatten ... Zum erstenmal in meinem Leben fühlte ich den Körper eines anderen Wesens, nahm bewußt den Geruch eines anderen Wesens wahr. Wir hielten uns in den Armen. Es war, als umfingen meine Hände einen seltenen, zu Tode erschöpften Vogel, den ich wie durch ein Wunder gefunden hatte. Ich war sehr erschrocken und er sicherlich auch, und wir schlossen beide die Augen. Die schmerzhafte Deutlichkeit, mit der ich mich daran erinnere, beweist mir, daß ich es nie vergessen habe.«[3]

Normalerweise finden die Festigung der sexuellen Orientierung und der Beginn ihrer Integration als Teil eines positiven Selbstbildes bei homosexuellen Jugendlichen nicht so früh statt wie bei Heterosexuellen. Kindheitserfahrungen, die Verinnerlichung gesellschaftlicher Mißachtung, der Wunsch, heterosexuelle kulturelle Erwartungen zu erfüllen, und das Bedürfnis, von Gleichaltrigen anerkannt zu werden, führen gewöhnlich dazu, daß der homosexuelle Jugendliche seine Sexualität mit großer Anstrengung unterdrückt oder abwehrt. Viele homosexuelle Jugendliche »wissen« von Kindheit an, daß sie homosexuell sind, aber diejenigen, die ins Jugendalter kommen mit der Vorstellung von »einer Sünde, die nicht benannt werden darf«, finden viele Wege, um dieses Stigma abzuwehren und zu vermeiden.[4] Die meisten heterosexuellen Jugendlichen haben auf dieser Entwicklungsstufe zwar das Gefühl, daß ihre Sexualität sich auf schwankendem Grund befindet, aber sie können zumindest mit Stolz ihre Heterosexualität und ihre zukünftigen sexuellen Heldentaten verkünden.

Nicht alle homosexuellen Jugendlichen machen ihre ersten sexuellen Erfahrungen innerhalb einer Liebesbeziehung; das kann später zu Schwierigkeiten führen, Gefühle von Zuneigung und Sexualität miteinander zu vereinbaren.

»Eines Tages, im Alter von elf Jahren, war ich erkältet und hatte auf dem Nachhauseweg vom Kino keine Taschentücher mehr. Also ging ich nach dem Verlassen der U-Bahn in die Herrentoilette und holte mir Klopapier. Ich putzte mir die Nase neben einem Urinierbecken. Den Mann, der davor stand, beachtete ich nicht. Plötzlich griff er nach mir. Ich konnte es kaum fassen, er sah aus wie jeder andere. Ich stieß seine Hand weg und rannte aus der Toilette. Mitten auf der Treppe blieb ich plötzlich stehen; ich konnte mich kaum mehr bewegen, so sexuell erregt war ich. Ich machte ein unschuldiges Gesicht, holte mir noch mal einen Fahrschein und kehrte zum Klo zurück. Er war noch da. Ich wiederholte meine Gesten, er wiederholte seine, diesmal vorsichtiger. Ich leistete keinen Widerstand mehr... Als ich heimkam, setzte ich mich an den Mittagstisch, stocherte in meinem Essen herum und dachte über den Vorfall nach, bis es Zeit wurde, meine Hebräisch-Bücher zusammenzuklauben und zum Unterricht zu gehen. Während die anderen Jungen aus der heiligen Thora rezitierten, dachte ich über meine fleischlichen Gelüste nach, die mir genauso gegenwärtig waren wie die Geruchsmischung aus Ammoniak, Schweiß und Sperma... Ein Teil von mir hoffte, daß dies alles nur eine vorübergehende Verirrung sei und ich gesetzter werden und anfangen würde, mit Mädchen Spaß zu haben.

Ich nahm an, daß Homosexualität nur eine Frage der Lust sei. Wo ich konnte, bemühte ich mich, Fragen zu stellen, aber die Männer, die es mit mir trieben, waren entweder nicht am Reden interessiert oder konnten mir nichts erzählen, was ich nicht ohnehin schon wußte. Ich hätte mir diese Ernsthaftigkeit sparen können, diese schrecklichen Gedanken, einen Verrat zu begehen, die meinem ohnehin mickrigen Selbstwertgefühl nicht gut bekamen. Vor allem hätte ich auf die zerstörerischen Phantasien verzichten können.«[5]

Seymour Kleinbergs Coming Out, ausgelöst durch eine zufällige sexuelle Begegnung und verstärkt durch eine Reihe weiterer derartiger Kontakte, fand allmählicher und auch früher statt als das des jungen Mannes, den ich zuvor erwähnte. Durch diese frühen sexuellen Gelegenheitskontakte mag es ihm als Erwachsenem sehr schwergefallen sein, seine Sehnsucht nach zärtlichen Beziehungen in Einklang zu bringen mit seiner Empfindung, daß seine Sexualität ausschließlich etwas mit Lust zu tun habe. Wenn man dann soweit ist, Sexualität für etwas Zerstörerisches zu halten, werden derartige sexuelle Handlungen immer mehr von Wünschen nach Wärme und Zuneigung getrennt.

Viele Heterosexuelle erleben in ihrer Jugend wiederholt sexuelle Zufallsbegegnungen, bei denen Sexualität als von Liebe und Zuneigung losgelöst empfunden wird. Homosexuelle machen solche Erfahrungen jedoch häufiger, und bei ihnen sind sie im Unterschied zu Heterosexuellen auch weniger auf bestimmte soziale Schichten beschränkt. Das frühe Empfinden eines Gefühls von Anderssein, Entfremdung und Ablehnung kann dazu beitragen, daß der Homosexuelle schließlich seine Sexualität für verwerflich hält und es ihm schwerfällt, angesichts normaler, starker sexueller Impulse ein Selbstwertgefühl aufrechtzuerhalten. Weil die Gesellschaft andere Möglichkeiten versagt, sind öffentliche Toiletten und Saunen zu Treffpunkten von homosexuellen Jugendlichen geworden. Wo Beziehungen nicht sanktioniert sind, kommt es zu Heimlichkeit und Geheimnistuerei, die als bedrückend und schmutzig empfunden werden.

Ein durch verinnerlichte gesellschaftliche Vorurteile angeschlagenes Selbstwertgefühl kann dazu führen, daß sich ein Homosexueller erst sehr spät seine Sexualität eingestehen kann. Donald war weit über dreißig, ehe er dazu fähig war. Er wußte, daß er in der Kindheit homoerotische Phantasien gehabt und Jungen in der Volksschule bei ihm sexuelle Erregungsgefühle ausgelöst hatten. Seine Masturbationsphantasien waren fast ausschließlich homoerotisch gewesen, und wenn er gelegentlich als Jugendlicher mit anderen Jungen »herumgemacht« hatte, war das für ihn lustvoll gewesen. Aber er konnte sich nicht einer

Gruppe von Leuten zugehörig fühlen, die er als Homosexuelle sah. Er konnte nicht glauben, daß er wie die Homosexuellen war, von denen seine Freunde so verachtungsvoll sprachen, oder wie die verweiblichten Männer in Filmen, und so kam er zu der Überzeugung, daß er einfach »krank« sei. Um dieses »Gebrechen« zu überwinden, begann er kurz nach Eintritt in die Graduate School mit einer Psychoanalyse. Er war sehr froh, daß sein Analytiker ihn nicht für homosexuell hielt und ihn bei seinen Ausflügen in die Heterosexualität unterstützen wollte. Auf merkwürdige Weise fühlte er sich sogar dadurch bestätigt, daß sein Analytiker ihn für heterosexuell genug hielt, ihn in seinem Widerwillen gegen seine anhaltenden homosexuellen Masturbationsphantasien und Impulse zu bestärken. Viele Jahre lang ermutigte sein Analytiker ihn, seine stets präsente Homosexualität als Abwehr gegen die damit kollidierenden Wünsche nach Heterosexualität und gegen Donalds rivalisierende und feindselige Haltung gegenüber seinem Vater zu verstehen.

Hauptsächlich um seinem Analytiker einen Gefallen zu tun, heiratete Donald in dieser Zeit. Er erzählte mir, daß er bei den Versuchen, mit seiner Frau zu schlafen, enorme Angst gehabt habe; die meiste Zeit war er impotent, gab aber seiner Frau die Schuld an seinen vergeblichen Bemühungen, Sexualität als lustvoll zu empfinden. Er fühlte sich wie ein lebloses Objekt, abwesend und nicht erregbar, einsam und verzweifelt. Nach drei Jahren trennte er sich von seiner Frau; später wurde die Ehe geschieden. Er beendete seine erste Behandlung, als er sich zunehmend verzweifelt, hoffnungslos und wertlos fühlte.

Sofort fühlte er sich von den Zwängen des in der Übertragung entstandenen Wunsches, seinem Analytiker zu gefallen, befreit. Er beschrieb ein inneres Gefühl von Freiheit, das er nicht ganz verstand. Innerhalb eines Monats hatte er eine anonyme sexuelle Begegnung, der schnell die Erkenntnis folgte, daß er homosexuell war. Dann stellte sich ein Gefühl enormer Erleichterung ein. Zum erstenmal in seinem Leben fühlte er sich sexuell vital und lebendig, nicht von seinen Gefühlen abgespalten und getrennt. Seine Depressionen und das geringe Selbstwertgefühl, von denen er jahrelang geplagt worden war, begannen von selbst zu verschwinden. Er mußte sich nicht mehr krank oder verwerflich finden, um seine homosexuellen Phantasien zu unterdrükken. Die Tatsache, daß er so lange dazu gebraucht hatte, zeigt deutlich die Stärke seines Selbsthasses und seines kindlichen Bedürfnisses, den Erwartungen der Eltern zu entsprechen, um von ihnen gemocht zu werden.

In einer weiteren Analyse konzentrierte er sich einige Jahre später auf die Wut gegenüber seinem ersten Analytiker, die dadurch entstanden war, daß dieser Donalds Homosexualität ständig geleugnet hatte. Dadurch hatte er ihn in seiner Angst bestätigt, als der Mensch, der er war, niemals geliebt worden zu sein und niemals geliebt zu werden. Seine zweite Analyse dauerte nur kurze Zeit. Donald wußte, wer er war und daß er eine Liebesbeziehung zu einem Mann haben wollte. Jetzt konnte er seine Homosexualität als Teil seiner Identität akzeptieren und das negative Bild, das er von sich gehabt hatte, umstoßen. Vier Jahre nach Beendigung der zweiten Analyse gab es nochmals zwei Sitzungen. Zu dieser Zeit lebte er in einer befriedigenden, bereits zwei Jahre dauernden Beziehung, die, weil sie liebevoll war, sein Selbstwertgefühl enorm steigerte, wie das auch für jeden anderen gilt.

Viele Männer erleben kein derart plötzliches Coming Out. Wenn jemand weniger Bedürfnis nach Anerkennung von Gleichaltrigen hat als Alan oder weniger Hunger nach elterlicher Liebe als Donald, kann die Akzeptanz seiner Sexualität ganz allmählich während der Jugendzeit erfolgen.

Edward zum Beispiel fühlte sich bei seinem Eintritt in die Graduate School deprimiert und allgemein unwohl. Seine Depressionen rührten teilweise daher, daß er mit der Wut auf seinen sich ablehnend verhaltenden Vater nur schwer umzugehen vermochte. Zu seiner Mutter hatte er ein gutes Verhältnis; er schilderte sie als intelligente, warmherzige und liebevolle Frau. In unserer ersten Sitzung erwähnte er beiläufig seine Homosexualität, als er von seinen Beziehungen sprach, und meinte, er suche nach dem »richtigen« Mann, den er bisher noch nicht gefunden hatte. Er hatte keine bewußten Zweifel hinsichtlich seiner Sexualität, aber wie jeder Homosexuelle durchlief auch er Phasen von Bedauern, Verwirrung und auch Verzweiflung angesichts seiner Homosexualität.

Im Alter von zwölf Jahren wurde er sich seiner Empfindungen für zwei seiner Lehrer bewußt, die er als homosexuell erkannt hatte. Die Masturbationsphantasien in seiner Jugend handelten fast immer von einem Mann, der auf ihm lag, was bei ihm ein Gefühl von Ergebenheit, Wärme und Umsorgtsein hervorrief. Er war sich der sexuellen Anziehung bewußt, die einige Klassenkameraden und seine Lehrer auf ihn ausübten. Im Alter von etwa fünfzehn Jahren hatte er ein sexuelles Erlebnis mit einem doppelt so alten Mann, das lustvoll war, aber auch Schuld- und Angstgefühle bei ihm auslöste. Seine darauffolgenden sexuellen Erlebnisse waren zunehmend lustvoller, und in seinem zweiten Collegejahr gestand er sich selbst seine Homosexualität ein. Das bewirkte jedoch kein plötzliches Gefühl der Erleichterung, da er aufgrund der homoerotischen Masturbationsphantasien und der in seinen sexuellen Begegnungen erlebten Lust bereits vermutet hatte, homosexuell zu sein.

Obwohl die Sexualität gefestigt wird, sobald die homoerotischen Phantasien und die sexuellen Anziehungsmuster in der frühen Jugend erkannt werden, kommt es doch erst in der Mitte oder am Ende der Jugendzeit aufgrund von tatsächlichen sexuellen Erfahrungen dazu, daß man sich seine Sexualität eingesteht.

Die sexuellen Aktivitäten homosexueller Jugendlicher müssen unterschieden werden von den homosexuellen Aktivitäten heterosexueller Jungen. Während letztere oft einen Zufallscharakter haben und als vorübergehend oder als Experiment erscheinen, gehen erstere einher mit einem Gefühl von »Wirklichkeit«. Sie haben ein stark gefühlsbetontes Element, das sich entweder in einem Gefühl des Verliebtseins oder der Sehnsucht nach der Liebe des Sexualpartners äußern kann wie auch in einem Getriebensein, das nach einem Objekt der Erfüllung verlangt. Diese sexuellen Aktivitäten ähneln eher den ersten sexuellen Begegnungen von heterosexuellen Jungen mit Mädchen als den Spielereien von solchen Jungen untereinander. Obwohl heterosexuelle Jungen auch sehr intensive Gefühle für idealisierte ältere Männer oder auch Gleichaltrige haben können, führen diese Gefühle gewöhnlich nicht zu sexuellen Aktivitäten. Wenn dies doch der Fall ist, handelt es sich fast immer um eine stark bisexuelle oder homosexuelle Orientierung. Das heterosexuelle Verhalten von homosexuellen Jugendlichen hat einen ähnlich experimentellen Charakter wie die homosexuellen Handlungen von heterosexuellen Jungen und geht, genau wie diese, gewöhnlich einher mit erheblichen Angstgefühlen.

Hindernisse für die Integration einer positiven Sexualidentität

Homo- wie auch Heterosexuelle sehen sich in ihrer Entwicklung mit Hindernissen konfrontiert, die der Fähigkeit, intime Beziehungen aufzunehmen, im Wege stehen. Bei homosexuellen Männern kann dadurch die normale Integration einer positiven homosexuellen Identität erschwert werden. So gibt es einige Formen von frühen Mutter-Kind-Beziehungen, die oft schwere Beeinträchtigungen des Selbstwertgefühls und eine unbeherrschbare, häufig in einem selbstzerstörerischen Masochismus nach innen gelenkte Wut hervorrufen. Einen solchen Prozeß kann eine Mutter auslösen, die in ihrem Kind nur eine Erweiterung ihrer selbst sieht und seine natürlichen Bestrebungen nach emotionaler und physischer Unabhängigkeit blockiert. Für den narzißtisch verletzten Erwachsenen kann jede Person, die ihm möglicherweise Beistand und Befriedigung bieten kann, zum Objekt von Verachtung und Abscheu werden. Unbewußt sucht er nach unbefriedigenden Beziehungen oder nach unerreichbaren Männern, womit das erniedrigende Gefühl der elterlichen Ablehnung und Zurückweisung wiederholt wird. Diverse Formen der Eltern-Kind-Interaktion können die Intimität und Nähe in der Jugend und im Erwachsenenalter ungemein erschweren. Daher tauchen in der psychoanalytischen Praxis oft narzißtisch verletzte Homo- wie auch Heterosexuelle auf. Dazu die folgenden zwei Fallbeispiele:

Benjamin kam mit 27 Jahren zum Analytiker, da er nur ein schwach entwickeltes Selbstbild hatte. In seiner frühen Jugend hatte er häufig sexuelle Erfahrungen mit Männern gemacht, die ihn dominierten. Mit dreizehn Jahren hatte er sich seine Homosexualität eingestanden; er behauptete, schon immer darüber Bescheid gewußt zu haben. Dennoch sprach er von seiner Sexualität, als sei sie ein Fremdkörper, den er sich am liebsten entfernen lassen würde. Ich war der zweite Analytiker, den er aufsuchte; der erste, den er nach wenigen Monaten wieder verlassen hatte, war bekannt für seine Konvertierungsversuche bei Homosexuellen. Benjamins Selbsthaß drückte sich sowohl darin aus, daß er seine Sexualität haßte, als auch in der Verachtung anderer Homosexueller. Er bemühte sich sehr, anderen Homosexuellen aus dem Weg zu gehen und in der Öffentlichkeit nicht mit Männern, die man als Homosexuelle erkennen konnte, gesehen zu werden; manchmal sprach er unter Arbeitskollegen von »warmen Brüdern« und »Schwuchteln« und erwähnte seine Verabredungen mit Frauen.

Wie war es zu diesem Selbsthaß und dieser Homophobie gekommen? In der Analyse wurde klar, daß Benjamin die Angst nicht ertragen konnte, die durch die Trennung von seiner Mutter und das Gefühl des Alleinseins entstanden war. Zugleich machte es ihn wütend, seine Bindung an sie zu spüren, da er diese als schädlich empfand. Indem er die destruktiven und ambivalenten Gefühle seiner Mutter ihm gegenüber wahrnahm und sich teilweise mit ihrem Haß identifizierte, entwickelte er ein selbstzerstörerisches Bedürfnis nach häufigen und gefährlichen sexuellen Gelegenheitskontakten. Er hatte den Eindruck, seine Mutter empfinde ihn als Verlängerung ihrer selbst und habe ihm nie ein Gefühl seiner eigenen Unabhängigkeit vermittelt. Er fand sich nicht liebenswert; wenn er über sich nachdachte, dann nur mit kompensierender Aufgeblasenheit oder mit intensivem Selbsthaß. Seine Homosexualität wurde zum Brennpunkt für alle

Aspekte, deretwegen er sich gehaßt oder hassenswert vorkam. In einer Gesellschaft, die seine Sexualität ablehnte oder zensierte, war es ihm nicht möglich, sich als guten Menschen zu sehen. Die narzißtischen Wunden, die seine Wut und sein masochistisches Verhalten hervorriefen, führten dazu, daß er sich lieblose und potentiell gefährliche Sexualpartner suchte und es unmöglich fand, andere homosexuelle Männer zu lieben.

Nach vielen Jahren der Analyse konnte Benjamin genug von seiner Wut auf seine Mutter verstehen und seine frühen und immer noch vorhandenen erotischen Empfindungen für seinen Vater akzeptieren. Dadurch mußte er nicht mehr alle sexuellen Begegnungen in Selbstbestrafungsübungen verwandeln. Er traf einen jungen Mann, in den er sich verliebte und dem zuliebe er seine gefährlichen sexuellen Aktivitäten mit Strichjungen aufgab. Von dieser Beziehung profitierte sein Selbstwertgefühl ungemein. Er sprach nicht mehr mißbilligend oder verachtungsvoll von sich und vermied auch das Zusammentreffen mit anderen Homosexuellen nicht länger. Weil er sich jetzt mehr schätzte und liebenswerter fand, konnte er zum erstenmal auch aus seiner Arbeit einen Lustgewinn ziehen.

Auch Carl begann seine Therapie aufgrund seines geringen Selbstwertgefühls, aber im Gegensatz zu Benjamin strebte er von Anfang an nach einer erfüllenden Beziehung und hatte den Wunsch, diesen Aspekt seines Lebens zu verbessern. Benjamin hatte als Jugendlicher viele sexuelle Erfahrungen gemacht, Carl jedoch hatte nur ein paar zufällige Sexualkontakte in den letzten zwei High School-Jahren gehabt. Im College hatte er vorwiegend anonyme Sexualkontakte, was sich in den Anfangsjahren seiner Therapie fortsetzte. Er fühlte sich immer zu Männern hingezogen, die seine Gefühle nicht erwiderten, und wenn sie es doch taten, vertrieb er sie dadurch, daß er sich fortwährend über sie beschwerte, sich nur mit sich selbst beschäftigte oder einfach sein Desinteresse äußerte.

Seit seinem achtzehnten Lebensjahr hatte er seine Homosexualität mit zwiespältigen Gefühlen betrachtet; er berichtete mir, daß er sich dafür gehaßt habe. Manchmal meinte er, vielleicht sollte er doch zu »so einem Seelenklempner« gehen, der ihn ändern könnte. Das geschah vor allem dann, wenn er sich mir besonders nahe gefühlt hatte und sich durch diese Nähe und seine heftig abgewehrten sexuellen Gefühle bedroht fühlte. Carls geringes Selbstwertgefühl zeigte sich größtenteils darin, daß er sich selbst für seine Homosexualität haßte. Als Folge davon isolierte er sich sowohl von anderen Homosexuellen wie auch von Heterosexuellen. Wie Benjamin vermied er es, mit anderen Homosexuellen gesehen zu werden – aus Angst, seine Arbeitskollegen oder Freunde seiner Familie könnten seine Homosexualität entdecken.

Auch seine Mutter behandelte ihn als Verlängerung ihres Selbst und gab ihm auf viele Arten zu verstehen, daß ihre Vorstellungen und Wünsche durch seine Begabungen ihre Vollendung finden würden, während seine Mißerfolge und sein Unglücklichsein sie schwer enttäuschen würden. Da er sich selbst nicht als eine gegenüber den Wünschen seiner Mutter eigenständige Person erleben konnte, war sein Selbstwertgefühl extrem abhängig von der Zustimmung seines Freundeskreises und der Gesellschaft. Ihn belastete sehr, wie seine Homosexualität durch gesellschaftliche Vorurteile unterdrückt wurde. Die Beziehung zu seiner feindseligen Mutter erfüllte ihn mit Wut und Haß auf sich selbst und führte schließlich zu seinen Schwierigkeiten, sich selbst eine lustvolle sexuelle Aktivität im Rahmen einer befriedigenden Liebesbeziehung zuzugestehen. Wie bei Benjamin trugen seine unbefriedigenden Beziehungen und die zerstörerische Art seiner sexuellen Aktivitäten zu der Überzeugung bei, seine sexuelle Orientierung sei eine Krankheit, so daß er sie nicht als Teil einer positiven Selbstidentität integrieren konnte.

Obwohl die Art und Weise, wie diese Männer ihre Sexualität äußerten, zum Teil den mütterlichen Einfluß deutlich machen, gibt es keinen Beweis dafür, daß die Mütter die homosexuelle Orientierung ihrer Söhne verursacht haben. Die Theorie, daß eine pathologische oder zu enge Mutter-Bindung zu Homosexualität führt, entstand aufgrund der Auswahl der Homosexuellen, mit denen die meisten Psychoanalytiker oder Psychiater zu tun haben. Da Homosexuelle mit einem mangelnden Selbstwertgefühl eher dazu tendieren, ihre Sexualität ändern zu wollen, suchen sie wahrscheinlich auch eher bei traditionellen Psychoanalytikern Hilfe, die Homosexualität als pathologisch und eine Änderung derselben als wünschenswert betrachten. Als sowohl Carl wie auch Benjamin zunehmend leichter befriedigende Beziehungen zulassen konnten, wurde dadurch auch ihr Selbstwertgefühl gestärkt, und sie konnten ihre Sexualität besser integrieren.

Sozialisation – Coming Out

Normalerweise erfolgt in der Mitte oder am Ende der Jugend auf das Erkennen und das Benennen der eigenen Homosexualität ein Coming Out anderen Homosexuellen gegenüber. Dies führt gewöhnlich zu einer Homosozialisation, d. h. zu Freundschaften mit anderen Homosexuellen und zu einem mehr oder weniger intensiven Engagement in dem sozialen Netzwerk der Homosexuellen. Auf Gegenseitigkeit und Liebe beruhende Beziehungen sowohl sexueller als auch nichtsexueller Natur sind die Voraussetzung für die gesunde Integration einer homosexuellen Identität und fördern ein positives Selbstbild. Solche Beziehungen unterstützen auch die Überwindung der Gefühle von Entfremdung und Verzweiflung, die in der Kindheit und frühen Jugend so oft durch die Ablehnung des Vaters und der Freunde entstanden sind.

Fred ist 20 Jahre alt und hat gerade mit dem College angefangen. Er hatte einige Male mit einem Klassenkameraden sexuell verkehrt, in den er sich auch verliebt hatte, aber er fühlte sich nicht reif für eine feste Beziehung. Obwohl er manchmal den Wunsch verspürt, heterosexuell zu sein, um von der Gesellschaft mehr akzeptiert zu werden, fühlt er sich ausschließlich von Männern sexuell angesprochen und steht voll zu seiner Homosexualität.

Als Kind und als Jugendlicher stieß er mit seinem unkonventionellen Verhalten, vor allem mit seiner Vorliebe für Barockmusik und seiner Weigerung, an Wettkampfsportarten teilzunehmen, auf erhebliche Ablehnung seitens seiner Altersgenossen. Er fühlte sich isoliert, einsam und oft depressiv; seine homosexuellen Neigungen machten ihm große Schuldgefühle. In seinem ersten Collegejahr schloß er sich einer homosexuellen Gruppe an, der gegenüber er sich öffnete. Die Mitglieder unterstützten sich untereinander und waren so die erste Gruppe von Gleichgesinnten, der Fred sich zugehörig fühlte. Er genoß es sehr, über seine sexuellen Gefühle reden und vor allem einem Freund gestehen zu können, daß er unterwegs jemandem begegnet war, den er »süß« fand. Diese Freundschaften und das Zusammensein mit anderen Homosexuellen führten dazu, daß er sich weniger isoliert fühlte; die Tatsache, daß er seine sexuellen Gefühle mit anderen teilen konnte, die er schätzte, trug zu seinem verbesserten Selbstbild bei.

Psychoanalytiker schenken diesem entwicklungsmäßig so wichtigen Prozeß der Homosozialisation wenig Aufmerksamkeit. Einige Analytiker haben behauptet, eine »soziale Akzeptanz« würde die Motivation eines Homosexuellen, sich behandeln zu lassen, nur verringern, weil er sich dadurch nicht mehr so »krank« fühle; daher sollte man diese nicht fördern.[6] Andere vermuten, daß durch ein Engagement in homosexuellen Kreisen die mütterliche Deprivation kompensiert werden soll, daß es ein Ausdruck von Wut sein könne und daß Narzißmus häufiger bei Homosexuellen auftrete, die sich in »Schwulengemeinschaften« engagieren, als bei solchen, die zwar homosexuell sind, aber dies nicht in ihrem sozialen Umfeld zum Ausdruck bringen.[7] Alles in allem haben analytisch orientierte Psychotherapeuten wenig Verständnis für die Bedeutung, die diese Bindungen für ein verbessertes Selbstwertgefühl haben. Selbst unter Sozialpsychologen, die dieses Thema diskutieren, hört man gelegentlich das Argument, daß die Festigung einer normalen homosexuellen Identität ein so gut wie ausschließliches Engagement in einer »Schwulengemeinschaft« erfordere.[8]

Sich anderen Homosexuellen gegenüber zu offenbaren und sich sozial zu engagieren, sind notwendige Aspekte der Integration der sexuellen Orientierung. Dadurch bieten sich Wege zu positiven Rollenmodellen, die dem homosexuellen Jugendlichen in unserer Gesellschaft ansonsten verwehrt bleiben, und Möglichkeiten, der sozialen Stigmatisierung und Isolation entgegenzuwirken, die in der Kindheit und Jugend aufgrund von frühen Erfahrungen mit Vätern oder Gleichaltrigen entstehen können.[9] Aber das Ausmaß oder die Art der Homosozialisation sind in unserer Gesellschaft abhängig von verschiedenen Faktoren wie z. B. dem Wohnort, dem Beruf und dem Vorhandensein einer derartigen Gruppe. Ein Homosexueller, der in einer ländlichen Gegend lebt, wird natürlich viel weniger Gelegenheit zu sozialem Kontakt mit anderen Homosexuellen haben. Manche Homosexuelle heiraten, bevor sie sich ihre Homosexualität eingestanden haben; wenn dann die Beziehung zu einer Ehefrau aufrechterhalten werden soll, bieten sich vielleicht auch dadurch weniger Gelegenheiten zu dauerhaften sozialen Beziehungen mit anderen Homosexuellen.[10]

Einer meiner Bekannten liefert ein gutes Beispiel für die eingeschränkten Möglichkeiten einer Homosozialisation. Er lebt in einem kleinen Ort im Mittleren Westen, wo es nur wenige Homosexuelle gibt. Er hat drei oder vier homosexuelle Bekannte, denen er sich offenbart hat und die er auf seinen häufigen Geschäftsreisen trifft; er hatte auch einige mehr oder weniger dauerhafte und enge sexuelle Beziehungen, die ihn emotional wie auch sexuell befriedigten. Er betrachtet sich selbst als homosexuell, aber er ist voll integriert in eine konventionelle soziale Gemeinschaft und im Beruf, der ihm erhebliche finanzielle Mittel und gesellschaftliche Anerkennung einbringt. Heterosexuellen gegenüber hat er sich nicht offenbart. Wenn er es vorgezogen hätte, sich von anderen Homosexuellen fernzuhalten, oder sich keine sexuell befriedigenden Kontakte und Beziehungen zugestanden hätte, würde ich dies als entwicklungsmäßiges Versagen werten, was vielleicht auf ein erheblich beeinträchtigtes Selbstwertgefühl hinweisen würde. Sein Entschluß, sich Heterosexuellen nicht zu offenbaren, ist jedoch etwas völlig anderes, da er auf einer realistischen Einschätzung der gesellschaftlichen und beruflichen Probleme, die einem Coming Out folgen könnten, beruht. Vielleicht wäre er glücklicher, wenn er in eine Großstadt umziehen würde, wo er Möglichkeiten hätte, seine Homosexualität auch in sein soziales Umfeld zu integrieren. Aber er glaubt, daß ein Umzug seiner beruflichen und sozialen Stellung mehr an Opfern abverlangen würde, als er zu geben bereit ist. Seine Kompromisse erscheinen ihm als der beste Weg.

Im Gegensatz dazu steht Dr. Howard Brown, der auf einer Konferenz über menschliche Sexualität im Oktober 1973 vor 600 Ärzten seine Homosexualität öffentlich zugab. Drei Jahre vorher war er von seinem Amt als Health Commissioner von New York zurückgetreten, weil er fürchtete, ein Journalist würde ihn als Homosexuellen bloßstellen. Da er einerseits dauernd in dieser Angst lebte, andererseits aber sich als Homosexueller zunehmend wohler fühlte, entschloß Brown sich zu einem öffentlichen Bekenntnis, um dadurch den Dialog über die Rechte der Homosexuellen zu fördern. Browns wachsende Selbstsicherheit als Homosexueller und sein gestärktes Selbstwertgefühl ermöglichten sein öffentliches Coming Out und beendeten seine Angst vor einer Bloßstellung.[11]

Gewöhnlich ist es für die positive Integration der Sexualität sehr wichtig, sich Familienmitgliedern zu offenbaren. Aber auch dies hängt von den jeweiligen Lebensumständen ab; wenn man dazu nicht in der Lage ist, muß das nicht notwendigerweise ein Symptom eines gestörten Selbstwertgefühls sein. Scott steht seit drei Jahren offen zu seiner Homosexualität. Er hat nicht nur die Mitglieder der »Schwulengemeinschaft«, sondern auch einige seiner Arbeitskollegen darüber informiert. Seit einigen Jahren lebt er mit seinem Freund zusammen. Obwohl er mit dem Zulassen von Nähe und dem Ausdrücken von Aggressionen einige Probleme hat, die seine Beziehung zu seinem Geliebten und zu seinen Arbeitskollegen erschweren, fühlt er sich doch mit seiner Homosexualität recht wohl. Seit seiner frühen Jugend war ihm klar, daß er homosexuell war; mit etwa acht Jahren hatte er erkannt, daß seine Sexualphantasien gleichgeschlechtlich waren.

Scott beschrieb seine Mutter als schöne, jedoch emotional distanzierte Frau, zu der er eine herzliche, wenn auch auf Abstand bedachte Beziehung hat. Sein Vater ist ein erfolgreicher Geschäftsmann, der Scott als Kind gelegentlich geschlagen hatte. Beide Elternteile leugnen aus einer Abwehrhaltung heraus jegliche Schwierigkeiten in ihrer oft getrübten Beziehung, um ihre Ehe zu bewahren; genauso gestehen sie es sich auch nicht ein, Probleme mit ihren Kindern zu haben.

Scott und sein Freund zeigten in Anwesenheit der Eltern zunehmend ihre Zuneigung; beide nahmen aktiv am Familienleben teil. Aber die Eltern schienen die Tatsache, daß sie eine Liebesbeziehung haben, zu ignorieren, obwohl sie schon jahrelang zusammenleben. Scott profitiert enorm von der Beziehung zu seinem Geliebten und verheimlicht dies nicht, aber er hat sich entschlossen, seine Eltern nicht mit seiner Sexualität zu konfrontieren oder sie darüber aufzuklären, daß sein Freund und er ein Liebespaar sind. Diese Konfrontation, so meint er, würde seine Eltern und die Beziehung, die er und sein Freund zu ihnen haben, unnötig belasten. Die Weigerung seiner Eltern, ihn und seinen Geliebten als Paar zu sehen, erfordert von Scott eine größere Ich-Stärke und mehr Mut, als sie einfach mit der Tatsache zu konfrontieren. Aber ein Coming Out in seiner Familie würde ihre lange bestehenden Abwehrmechanismen in Frage stellen und wäre wohl tatsächlich eine unerwünschte und unnötige Belastung für die Beziehung zu seinen Eltern, die er ohnehin nicht häufig sieht.

Anders verhält es sich bei einem meiner Bekannten, der nicht imstande ist, eine tiefere homosexuelle Beziehung einzugehen und sich positiv als Homosexueller zu begreifen. Er weigert sich auch, seine Eltern darüber zu informieren, und schafft damit eine zornige Distanz zwischen sich und ihnen. Alles deutet darauf hin, daß seine Eltern über seine Homosexualität Bescheid wissen und es gutheißen würden, wenn er mit ihnen darüber spräche. Sein Entschluß, dies nicht zu tun, ist symptomatisch für seine anhaltende Unfähigkeit, seine Sexualität zu integrieren, wie für sein Bedürfnis, die emotionale Distanz zu seinen Eltern aufrechtzuerhalten, und drückt damit auch seine Wut ihnen gegenüber aus.

Edward, den ich früher schon erwähnte, hat sich mit den meisten Aspekten seiner Sexualität gut arrangiert bis auf den für ihn problematischen Wunsch, den sexuell passiven Part zu übernehmen. Das beinträchtigt gelegentlich seine Bedürfnisse nach Nähe und sexuellem Genuß. Er hat sich homo- wie heterosexuellen Freunden und auch seinen Eltern und Geschwistern, mit denen er eine enge Beziehung hat, offenbart. Aufgrund der Akzeptanz, der Wärme und dem Rückhalt in seiner Familie bestärkte sein Coming Out seinen Eltern und Geschwistern gegenüber sein Selbstwertgefühl.

Manche Homosexuelle heiraten, weil sie nicht in der Lage sind, ihre Homosexualität zu akzeptieren, die sie aufgrund ihres mangelnden Selbstwertgefühls weder sich selbst noch anderen eingestehen können. Manche Männer entdecken tatsächlich erst in ihrer Ehe, daß sie homosexuell sind. Die meisten Ehen zwischen homosexuellen Männern und heterosexuellen Frauen resultieren aus einem sozialen Anpassungsdruck, obwohl Liebe und Achtung dem Partner gegenüber auch eine Rolle spielen können.[12] Wenn die Beziehung funktioniert und es für den homosexuellen Mann von Bedeutung ist, die Ehe aufrechtzuerhalten, erscheint das Coming Out der Ehefrau gegenüber für die kontinuierliche Integration eines positiven Selbstbildes unbedingt notwendig, unabhängig von den Umständen, unter denen die Ehe eingegangen worden ist. Die Wahl des Zeitpunktes für ein Coming Out hängt von verschiedenen Faktoren ab, wie z. B. dem Alter der Kinder, der Dauer der Ehe, der Art der Beziehung und der Persönlichkeit der Ehefrau. Der Respekt für den Partner erfordert es, daß realistische Möglichkeiten erörtert und gemeinsame Entscheidungen getroffen werden, die beiden Ehepartnern eine weitere Persönlichkeitsentfaltung und ein erfülltes Leben ermöglichen. Ein Aufrechterhalten der Ehe kann allerdings den homosexuellen Mann an einer Integration seiner Sexualität in eine positive homosexuelle Identität hindern und es ihm erschweren oder unmöglich machen, eine homosexuelle Beziehung aufzunehmen, die ihm Kraft und Stärke geben könnte.

Die Entwicklung einer homosexuellen Identität, die in der frühen Kindheit mit gleichgeschlechtlichen erotischen Phantasien beginnt, geht in unserer Kultur gewöhnlich einher mit einem Berg von Schuldgefühlen und Selbstverachtung, die eine Konsolidierung und eine Integration behindern oder verzögern können. Die soziale Stigmatisierung ist für den Jugendlichen und den jungen Erwachsenen besonders schädlich, weil die Anerkennung durch die Gruppe der Gleichaltrigen bei der Ablösung von den Eltern eine wichtige Rolle spielt. Die Stigmatisierung und die Verinnerlichung gesellschaftlicher Vorurteile führen oft zu einer weiteren Verzögerung der Herausbildung einer gesunden sexuellen Identität, wenn ein konformes Verhalten gegenüber vorherrschenden gesellschaftlichen Konventionen wie der Ehe gefordert wird; aber auch eine Leugnung der inhärenten sexuellen und damit zusammenhängenden psychischen und sozialen Bedürfnisse kann daraus resultieren.

5. AIDS: Die Auswirkungen auf gesunde Homosexuelle und Homophobie

Ende 1984 fragte mich ein College-Student, ob die AIDS-Epidemie die Chancen homosexueller Männer, mit ihrer sexuellen Identität in Einklang zu gelangen, behindern würde. Zu dieser Zeit tauchten zum ersten Mal Opfer dieser Krankheit in meiner Praxis auf. Ich war noch völlig von meinem eigenen Schmerz darüber, mit todkranken jungen Männern zu arbeiten, und der Frage der Behandlungsmöglichkeiten in Anspruch genommen und hatte mich mit diesem Problem noch nicht beschäftigt. Von da an wurde jedoch zunehmend deutlicher, daß die AIDS-Krise tatsächlich tiefgehende psychologische Auswirkungen auf gesunde Homosexuelle hat.

Um dies zu verstehen, muß man sich vorstellen, wie ein homosexueller Jugendlicher oder junger Erwachsener sich fühlt, wenn er liest, daß Homosexuelle an der Verbreitung von AIDS schuld sind; wie bedroht er sich fühlt durch die in den Medien immer häufiger geäußerten Forderungen nach einer Testpflicht (entgegen dem Rat öffentlicher Gesundheitsexperten) und durch mögliche weitere Einschränkungen seiner Bürgerrechte und Freiheiten. Die meisten Homosexuellen erleben diese Vorkommnisse als relativ unverhohlene Äußerung gesellschaftlichen Hasses.

So ergeben sich aus der AIDS-Epidemie weitere Probleme für das Selbstwertgefühl eines Homosexuellen, das sich in unserer Gesellschaft ohnehin nur unter erschwerten Bedingungen entwickeln kann. Mancher gesunde junge Erwachsene fühlt sich vielleicht jetzt als potentieller Überträger einer tödlichen Krankheit, andere zeigen bedenkliche Ansteckungsängste.

Normalerweise experimentieren alle homo- wie heterosexuellen jungen Erwachsenen innerhalb und außerhalb von Beziehungen mit ihrer Sexualität und suchen die ihnen entsprechenden Ausdrucksformen. Die AIDS-Epidemie und die wachsende Homophobie führen bei manchen homosexuellen jungen Männern zu Verzögerungen in der Entwicklung, da sie die Vorstellung verstärken, Sexualität sei sündig, krankhaft oder nur eine reine Lustempfindung. Das hat dazu geführt, daß manche junge Männer Angst davor bekommen, ihre Homosexualität offen zu zeigen, und ihnen damit die Möglichkeit des Experimentierens genommen wird, die notwendig ist, um sich selbst als einen Menschen zu begreifen, der in einer engen und gegenseitigen Liebesbeziehung zu einer voll entwickelten Sexualität fähig ist.

Jeffrey, 24 Jahre alt, hatte vor dem Auftreten von AIDS nur wenige sexuelle Erfahrungen gemacht. Als er mich aufsuchte, hatte er große Probleme mit seiner Homosexualität, die sowohl aus seiner Angst vor AIDS resultierten wie auch eine Folge der starken Mißbilligung seiner Homosexualität durch seine Mutter waren. Da er immer versucht hatte, ihr zu gefallen, und sein Leben nach ihren Wünschen auszurichten bestrebt war, beschränkten sich seine sexuellen Aktivitäten darauf, allein oder gelegentlich mit einem Freund zusammen zu masturbieren, was zuletzt einige Jahre zuvor der Fall gewesen war. Jeffrey hatte eine große Wut auf seinen Vater, den er als distanziert und ablehnend wahrnahm. Während er dies berichtete, wurde klar, daß er sich aus Wut über die Eltern in allen Bereichen seines Lebens aus einer Trotzhaltung heraus Lust versagte. Er wünschte sich, daß sie leiden müßten, wenn er litt.

Nach dem Auftreten von AIDS stellte er die wenigen sexuellen Aktivitäten, die er sich zugestanden hatte, völlig ein. Seine Phantasien wie auch seine sexuellen Wünsche nahmen an Lebhaftigkeit ab. Er fühlte sich zunehmend schuldig wegen seiner Homosexualität und machte sich deswegen Vorwürfe. Er zitierte die Äußerungen eines konservativen New Yorker Journalisten über Homosexuelle, um mich von deren unersättlichem sexuellen Appetit zu überzeugen. Aufgrund der Beziehung zu seinen Eltern hatte Jeffrey immer schon – auch vor dem Auftreten von

AIDS – Probleme mit seiner Sexualität gehabt, aber die Epidemie und seine Reaktion darauf wie auch die Vorurteile, mit denen er konfrontiert war, verstärkten seine Konflikte und brachten die Entwicklung seiner Fähigkeit zu liebe- und verständnisvoller Sexualität fast völlig zum Erliegen.

Ein weiterer junger Mann, der offen zu seiner Homosexualität stand, suchte mich auf, weil er noch nie sexuelle Kontakte gehabt hatte. Seine Wunschvorstellungen, Tagträume und Phantasien waren ausschließlich homoerotischer Natur. Seit dem Auftreten von AIDS zwei Jahre zuvor hatte er sogar aufgehört, sich selbst zu befriedigen. Aufgrund von Fernseh- und Zeitungsberichten war er besorgt, daß Homosexuelle ständig »auf Sex aus« seien. Er hatte so große Schuldgefühle wegen seiner Sexualität, daß er sich nicht gestattete, diese in irgendeiner Form auszuleben. Ständig war er frustriert und wurde zunehmend depressiv. Die Darstellung seiner Familiensituation ähnelte der von Jeffrey; wie bei jenem war die intensive Angst vor AIDS ein Ausdruck der Wut auf seine Eltern, die sich masochistisch gegen ihn selbst richtete.

Das Beispiel eines weiteren jungen Mannes, den ich in einer intensiven Psychotherapie kennenlernte, macht noch deutlicher, wie die AIDS-Epidemie die Entwicklung eines Homosexuellen behindern kann. Das erste Mal traf ich Seth im Frühjahr 1984. Er suchte Hilfe aufgrund schwerer Störungen seines Sexuallebens. Obwohl er attraktiv und intelligent war, hielt er sich für unattraktiv; besonders seine Hüften und sein Gesäß fand er abstoßend. Er zog sich nie vor anderen Männern aus und hatte in den ersten zwei Jahren auf dem College keinerlei sexuelle Kontakte gehabt.

Als ich ihn im Alter von neunzehn Jahren das erste Mal sah, stand er offen zu seiner Homosexualität. Er hatte nie mit einer Frau sexuell verkehrt und hatte fast ausschließlich homosexuelle Phantasien. Er fühlte sich von Jungen in seiner Klasse sexuell erregt, aber er haßte die Vorstellung, zu jemandem Zuneigung zu fassen, und fand sie sogar erniedrigend. Bis zur Geburt seines jüngeren Bruders war er der Lieblingssohn seiner Mutter gewesen; danach fühlte er sich plötzlich von seinem Platz verdrängt, erniedrigt und von ihr abgelehnt. Er hatte das Gefühl, sein Vater habe ihm nicht genügend Aufmerksamkeit gewidmet, ihn nicht vor den unvorhersehbaren Launen seiner Mutter in Schutz genommen und dem jüngeren Kind mehr liebevolle Zuwendung geschenkt. Seine Eltern hatten ziemlich viele Auseinandersetzungen, und je mehr der Vater sich aufgrund dieser Probleme entfernte, desto abgelehnter fühlte sich Seth. Als Kind hatte er sich auf verschiedene Weisen mit seiner Mutter identifiziert, indem er z. B. ihre Stimmlage nachahmte, um die Aufmerksamkeit seines Vaters auf sich zu ziehen. Das führte aber ebenso wie die Tatsache, daß Seth aggressive Sportarten nicht mochte und gerne allein war, nur zu einer immer weiteren Entfremdung des Vaters.

Die Ablehnung, die er von den Eltern erfuhr, ließ ihn sich verletzt und wertlos vorkommen. Sein Ärger über diese Ablehnung führte schließlich dazu, daß er sich weigerte, sich jemandem emotional oder sexuell hinzugeben, und daß er sich gegenüber jedem Mann, der an ihm interessiert schien, strafend und verachtungsvoll verhielt.

Am Anfang der Therapie nannte Seth seine Homosexualität einen »Horror« und empfand sich als »krank«. Einen Großteil seiner Freizeit verbrachte er alleine in der Universitätsbibliothek, wo er sich eingehend mit psychoanalytischen Theorien zur Homosexualität befaßte, die seine Vorstellung, krank und pervers zu sein, verstärkten. Im Verlauf der Therapie begann er zu erkennen, daß nicht seine Homosexualität ihn abstieß, sondern das, was er an sich als »feminin« empfand, wie z. B. seine Hüften und Oberschenkel. Dies war zum großen Teil eine Verlagerung seiner unterdrückten erotischen Gefühle für seinen Vater, den er auf ambivalente Weise begehrte (s. Kap. 3).

Das wachsende öffentliche Interesse an AIDS lieferte Seth Gründe, sich weiter zu isolieren. Die Angst vor einer Ansteckung wurde zum Mittel, um seine Wut zu projizieren: er gelangte zu der Überzeugung, daß jemand ihn anstecken würde. Meine Bemühungen, ihm klarzumachen, daß er die Krankheit als Vorwand für seine eigenen feindlichen Impulse benutzte, waren so gut wie vergeblich. Als ich ihn darauf hinwies, daß weder sein derzeitiges Verhalten noch seine Phantasien darauf schließen ließen, daß er sich jemals auf ungeschützte Sexualkontakte einlassen würde, wurde er wütend und beschuldigte mich, ich wolle ihn nicht vor der Krankheit schützen, sondern würde ihn sogar ihr und damit dem Tod aussetzen.

Seth handhabte die Wut auf seine Eltern so, daß er in ihr die projizierte Gefahr einer Ansteckung mit AIDS durch einen anderen Homosexuellen erlebte. Die Epidemie lieferte ihm die notwendige Rationalisierung, um seine Sexualität vollständig zu unterdrücken. Seine Ängste und seine Panik hielten ihn davon ab, eine intime Beziehung einzugehen, die in ihm das Gefühl hervorrufen könnte, einem anderen Mann Schaden zuzufügen. Seine Angst vor AIDS hielt ihn auch von Beziehungen ab, die ihm nach seiner Überzeugung die gleiche Ablehnung und Erniedrigung einbringen würden, wie er sie von seinen Eltern erlebt hatte. Es war ihm unmöglich geworden, sexuelle Erfahrungen zu machen, wie sie alle hetero- wie homosexuellen jungen Menschen brauchen, um ihr Verständnis der sexuellen Identität zu festigen. Da er diese Erfahrungen und diese Freiheit nie erlebt hatte, entfernte er sich zunehmend von der potentiellen Selbstbestätigung durch seine Leidenschaft und Liebe.

Wenn die sexuellen Wünsche weniger verdrängt und konfliktbeladen sind, führt das bei den meisten homosexuellen Männern zu mehr Verständnis und zu flexibleren homoerotischen Phantasien und Verhaltensweisen. Ist das sexuelle Verhalten gehemmt wie bei Seth und werden die der Hemmung zugrundeliegenden Ursachen sichtbar, kommt es zu einem freieren Ausdruck der sexuellen Gefühle und Verhaltensweisen. Seths Ärger über meine – wie er annahm – Ermunterung an ihn, sexuelle Verhaltensweisen zu leben, die ihn möglicherweise töten würden, gab mir die Gelegenheit, ihm zu helfen, etwas von den frühen Wurzeln seiner sexuellen Hemmung und seiner Wut zu verstehen. Das ermöglichte mir auch, die tatsächlichen Bedrohungen durch AIDS klarzustellen und ihn in Safer Sex-Techniken zu unterweisen.

Für einen Psychoanalytiker oder einen analytisch orientierten

Therapeuten ist diese didaktische Haltung ungewöhnlich. Aber dies sind auch ungewöhnliche Zeiten, und ich warte nicht darauf, mir von Patienten erzählen zu lassen, daß sie ungeschützten Sexualverkehr haben, bevor ich diese erzieherische Aufgabe übernehme; schließlich besteht die Gefahr, daß sie sich mit einer tödlichen Krankheit anstecken. Patienten erst dabei zu unterstützen, ihre Konflikte zu klären, und dann auf Gefahren hinzuweisen, kann natürlich zu weiteren Konflikten bei den Phantasien und Wünschen führen. Diese müssen dann weiter analysiert werden. Aber in der Praxis scheinen meine erzieherischen Bemühungen keine weiteren Konflikte im sexuellen Bereich oder während einer negativen Übertragung ein selbstzerstörerisches Verhalten hervorgerufen zu haben. Angesichts des schweren Risikos wurden meine Interventionen im allgemeinen als Zeichen von Umsicht und Besorgtheit betrachtet. Wenn das Risiko nicht so groß wäre, könnten viele Patienten solche Bemühungen natürlich als moralistisch und kontrollierend werten und in einem Zustand von Ärger gegen sich selbst wenden.

Die Angst vor AIDS hat vor allem die Probleme mancher homosexueller Männer mit ihren rezeptiven oder analen Wünschen verschärft. Dies wird am Beispiel eines Klienten deutlich, der 1980 im Alter von 22 Jahren mit seiner Therapie begann. Unter anderem litt er an intensiver Angst vor seiner Homosexualität und vor seinem Wunsch, anal penetriert zu werden, was jedoch niemals vorgekommen war. Diese Angst drückte sich symptomatisch darin aus, daß er zu verspannt war, um eine Penetration zuzulassen. 1982, nachdem er über die zunehmende Verbreitung von AIDS gelesen hatte, verlagerten sich seine Konflikte, die er wegen seiner passiven sexuellen Wünsche hatte. Jetzt überwog die Angst vor einer Ansteckung die Befürchtung, zu verspannt zu sein. Im Jahr darauf wurde deutlich, daß die Unterdrückung seiner rezeptiven Sexualphantasien, die er nun aufgrund von AIDS als gefährlich erachtete, dazu führte, sie auf andere, für ihn gefährliche Art auszudrücken. So begann er zum Beispiel Männer, die er als bedrohlich empfand, zu »Safer Sex« in sein Apartment einzuladen. Die rezeptiven sexuellen Analphantasien und Wünsche, die seine Überzeugung, schlecht zu sein und eine Bestrafung zu verdienen, verstärkten, führten zu dem unbewußten Wunsch, von diesen Fremden verletzt zu werden.

Die AIDS-Verbreitung verstärkte seine Auffassung, daß seine Homosexualität »pervers« und ungesund sei, und machte es ihm extrem schwer, eine engere Beziehung einzugehen. Er hatte nur sexuelle Gelegenheitskontakte, da er davon überzeugt war, daß seine Sexualität etwas Dunkles und Verwerfliches sei, was nicht zu einer »richtigen« Beziehung passe. Dieser junge Mann benutzte die AIDS-Gefahr als Rationalisierung für seine Ängste vor Nähe und für die sadistischen Phantasien, die der Gedanke an Intimität bei ihm auslöste. Diese Rationalisierung behinderte seine Entwicklung und bedrohte vor allem auch seine Gesundheit. Die Krankheit verlagerte seine Konflikte aus dem internen und intrapsychischen Bereich in den externen. Dadurch war es ihm vorläufig unmöglich, sein verkümmertes Selbstwertgefühl, das Ergebnis früherer Ablehnung und internalisierter Homophobie, durch die in einer Beziehung mögliche Erfahrung von Liebe zu überwinden.

Betrachten wir ein weiteres Beispiel, wie AIDS die Konflikte eines körperlich gesunden homosexuellen Mannes verstärkte. Ein junger Mann hatte über mehrere Jahre hinweg eine Beziehung, aber im dritten Jahr – zeitlich ungefähr auch das dritte Jahr der AIDS-Ausbreitung – begann er sich zunehmend darüber Sorgen zu machen, daß er vom AIDS-Virus befallen sein könne. Er und sein Partner unterzogen sich regelmäßigen Vorsorgeuntersuchungen, doch bei beiden zeigten sich keinerlei Anzeichen eines geschwächten Immunsystems. Aufgrund seiner vergangenen und gegenwärtigen Aktivitäten war er auch nicht sonderlich gefährdet.

Im vierten Jahr einer intensiven Psychotherapie machte sich Alan zunehmend Sorgen wegen eines vergrößerten Lymphknoten in seinem Nacken. Ihm war zwar versichert worden, daß sich der Knoten vermutlich aufgrund einer kleineren Infektion gebildet hatte, aber er war davon überzeugt, daß es sich um ein Anzeichen für AIDS handelte.

Alans Mutter war während eines Großteils seiner Kindheit depressiv gewesen, und er fühlte sich an ihrer Krankheit schuldig. Er empfand auch Schuld wegen seiner Gefühle gegenüber seinem Vater und bedauerte es, für seine Mutter Partei ergriffen zu haben, obwohl sie ihn schlecht behandelt hatte. Als er sich zunehmend seines Ärgers den Eltern gegenüber und manchmal in der Übertragung auch mir gegenüber bewußt wurde, nahm seine Angst vor AIDS vorübergehend zu. Seine Todesphantasien waren Ausdruck von Schuldgefühlen wegen seiner Wut, die durch die zunehmende Zufriedenheit und den Lustgewinn, die er aus seiner Beziehung und seiner Arbeit zog, noch verstärkt wurden.

Für alle bisher vorgestellten Männer war die Angst vor einer möglichen oder bereits eingetretenen Ansteckung ein Vehikel, um mit ihren Schuldgefühlen oder Ängsten angesichts ihrer feindseligen Impulse und Phantasien umzugehen. Ihre Angst ist ein Symptom von masochistischen Tendenzen. Unrealistische Ängste, die Krankheit zu verbreiten, können auch bei Personen die Oberhand gewinnen, die verdrängte sadistische Phantasien haben. Ein Mann, der bereits seit neun Jahren in einer festen Beziehung lebte, hatte z. B. immer wiederkehrende Phantasien, daß er das Virus in sich trage und seinen Partner anstecken würde. Außerhalb der Beziehung war es kaum zu sexuellen Kontakten gekommen, und wenn, dann nur geschützt und flüchtig. Nur zweimal vor seiner Beziehung und vor dem Auftreten von AIDS hatte er rezeptiven Analverkehr gehabt. Seine Blutuntersuchungen wiesen auf ein intaktes Immunsystem hin.

Dieser junge Mann hatte Aspekte seines gewalttätigen Vaters verinnerlicht und sich mit ihnen identifiziert. Er fürchtete, das gleiche Temperament wie sein Vater zu haben, und vermied Verhaltensweisen oder Auseinandersetzungen, die ihn seine Kontrolle verlieren lassen könnten. In der Beziehung zu seinem Partner übernahm er im Analverkehr gerne die aktive Rolle, aber als AIDS immer mehr die öffentliche Diskussion beherrschte, verlor er jegliches Interesse am Analverkehr. Wenn er es doch versuchte, ließ seine Erektion nach. Benutzte er ein Kondom, um seinen Geliebten vor der phantasierten Infektion zu schützen, konnte er nicht ejakulieren. Die Angst davor, seinen Partner mit AIDS anzustecken, war eine neurotische Manifestation seines Konflikts wegen seiner Wut und seiner unbewußten sadistischen Phantasien gegenüber seinem Vater und seinem Partner.

AIDS und Homophobie

Wie wir gesehen haben, kann die unrealistische Angst vor AIDS bei manchem Homosexuellen eine Manifestation von masochistischen Persönlichkeitszügen und bei anderen von verdrängten aggressiven und sadistischen Impulsen sein. Diese Angst zeigt sich vor allem bei gesunden homosexuellen Männern, die mit ihren offen oder nicht offen zugegebenen Wünschen nach der passiven Rolle im Analverkehr Probleme haben. Eine neurotische Angst vor AIDS beschränkt sich jedoch nicht auf homosexuelle Kreise.

Eine heterosexueller Mann, der erst kurze Zeit verheiratet war, hatte wachsende Angst vor einer AIDS-Ansteckung, nachdem seine Frau ihr erstes Kind entbunden hatte. Er hatte Angst, mit Homosexuellen im Schwimmbad oder in der U-Bahn in Kontakt zu kommen, sich auf diese Weise anzustecken und die Krankheit an sein Baby weiterzugeben. Er war eifersüchtig auf die Beziehung des Babys zu seiner Frau, und die Angst, daß das Kind sich mit der Krankheit anstecken könnte, schien ein Mittel zu sein, seine eigenen sadistischen Phantasien zu leugnen.

Wie Seth war auch dieser Mann erschreckt über das, was er als »feminine« Aspekte seines Charakters erlebte. Nach der Geburt seines Kindes entwickelte er flüchtige Phantasien von analer Penetration. Diese vagen passiven Gefühle waren größtenteils ein Abwehrmechanismus bei ihm, weil er Angst vor der Konkurrenz mit einem sehr erfolgreichen und aggressiven Vater und vor dessen Strafen hatte. Er konnte eher die Angst, »wie eine Frau zu sein«, ertragen, als seinen gefürchteten Vater herauszufordern. Was er als feminine Wünsche erlebte, führte bei ihm zu der Frage, ob er homosexuell sei, vergrößerte seine Angst, mit Homosexuellen in Kontakt zu kommen, und brachte ihn schließlich dazu, daß er sich immer mehr vor Homosexuellen fürchtete und sie verachtete. Er begann immer häufiger homophobische Bemerkungen von sich zu geben.

Auch ein anderer Mann, der seit einigen Jahren verheiratet war, entwickelte nach der Geburt seines ersten Kindes eine Angst vor AIDS. Sie drückte sich zuerst als irrationale Angst davor aus, daß sein Kind sich durch einen oberflächlichen Kontakt mit Homosexuellen aus der Nachbarschaft anstecken könnte. Er hatte vier Geschwister, durch die er sich verdrängt fühlte, weil sie so viel Zeit, Aufmerksamkeit und Zuwendung von seiner überarbeiteten und emotional nur begrenzt verfügbaren Mutter beansprucht hatten. Dies machte ihn wütend. Die Angst, daß sein Kind sich anstecken könnte, hatte ihren Ursprung in der heftigen Rivalität mit seinen Geschwistern und seiner Wut auf sie und war eine Verlagerung davon. Homosexuelle Männer, die seiner Ansicht nach für die Ausbreitung der Krankheit verantwortlich waren, wurden immer mehr zum Objekt seiner Verachtung, auf die er seine Wut übertrug.

In meiner Arbeit mit ihm wurde auch deutlich, daß ein Teil seines Zorns über Homosexuelle und seiner irrationalen Angst vor einer AIDS-Ansteckung wie auch bei dem vorhergehenden Patienten in Verbindung standen zu der Furcht vor seinen »femininen« Aspekten. Nicht zufällig traten diese Ängste bei beiden Männern nach der Geburt eines Kindes auf. Die neun Monate der Schwangerschaft können Neid auf und eine Identifikation mit den Fähigkeiten einer Frau, ein Kind zu gebären und zu nähren, hervorrufen. In unserer Gesellschaft resultieren daraus unweigerlich Ängste, wie eine Frau zu sein, und Verunsicherungen hinsichtlich der eigenen Männlichkeit. Beide Männer zogen sich auch defensiv in passive homoerotische Phantasien zurück und stellten ihre Heterosexualität infrage: ein Schutzmechanismus gegen die Vorherrschaft des Vaters, von der sie sich bedroht fühlten. Ihre vorher nie erlebte Homophobie war flüchtig, aber intensiv.

Am Beispiel dieser heterosexuellen Männer werden einige Aspekte der intrapsychischen und psychologischen Kräfte sichtbar, die zum Teil für die Homophobie verantwortlich sind, die sich in unserer Gesellschaft entwickelte, als AIDS sich auf die heterosexuelle Bevölkerung ausdehnte. Vom Standpunkt des Sozialpsychologen aus sind die zunehmende Verbalisierung von Homophobie und die Gewalt gegen Homosexuelle vor allem darauf zurückzuführen, daß eine spezifische Minderheit von der Mehrheit zum Sündenbock gemacht wird, um mit der Frustration und dem Gefühl der Hilflosigkeit angesichts der Krankheit fertig zu werden. Zusätzlich jedoch scheinen eine irrationale Furcht vor AIDS und die ausufernde Homophobie Ängste von Hetero- wie von Homosexuellen auszudrücken, die alle zunehmend durch die täglichen Warnungen der Medien vor den Gefahren des Analverkehrs verunsichert werden. In Phantasien von Fellatio oder der rezeptiven Rolle im Analverkehr drückt das Unbewußte manchmal eine Identifikation mit der Mutter aus. Heterosexuellen Männern, die gewöhnlich geringe homosexuelle Impulse haben, dienen diese Phantasien zur Abwehr von Konkurrenzgefühlen und der Angst vor Vergeltung. Im allgemeinen werden diese Phantasien als sehr beunruhigend erlebt (s. Kap. 7).[1] Manche Heterosexuelle versuchen dieser Angst mit kontraphobischem Machoverhalten und homophobischen Einstellungen zu begegnen, weil sie die weiblichen Anteile ihres Wesens als homosexuell erleben. Am stärksten zeigt sich die Homophobie bei Jugendlichen, die es sich zum Zeitvertreib machen können, Homosexuelle zu verfolgen und zu quälen. In dieser Altersgruppe können homosexuelle Phantasien aufgrund des Konflikts, einerseits von den Eltern noch abhängig zu sein und sich, den kulturellen Erwartungen gemäß, andererseits zugleich von ihnen zu lösen, besonders lebhaft auftreten. Viele Jugendliche erleben diese Wünsche und Bedürfnisse nach Abhängigkeit als weiblich. Um der Sehnsucht nach wiederkehrender Abhängigkeit von ihren Müttern zu entkommen, haben viele Jugendliche das Bedürfnis, sich ihrer Männlichkeit zu versichern. Der Haß auf Homosexuelle ist eine besonders bösartige Manifestation des Versuchs von Jugendlichen, regressive Wünsche nach Abhängigkeit durch aggressives Verhalten zu verleugnen, das mit Männlichkeit gleichgesetzt wird.

Auch homosexuelle Männer können passive sexuelle Sehnsüchte und Phantasien, die sie als »feminin« empfinden und bezeichnen, unterdrücken, und manche finden diese Phantasien abstoßend. Wie wir bereits gesehen haben, ist dies eine Grundlage für den Selbsthaß und die Homophobie. Ich will die große Bedeutung der verinnerlichten gesellschaftlichen Vorurteile und der Wechselbäder in der frühen Kindheit, die zu dem Selbsthaß einiger Homosexueller führen, nicht herunterspielen, aber ich bin der Meinung, daß der von allen Männern erlebte Haß auf ihre als »feminin« empfundenen Aspekte sehr wichtig zum Verständnis der in unserer Gesellschaft auftretenden Homophobie ist.

Ich verwende den Begriff »Homophobie«, weil er allgemein gebräuchlich geworden ist, aber ich tue es nur ungern, weil er mehr die phobische Vermeidung von Kontakten zu Homosexuellen impliziert als die Aggression, die durch die Angst ausgelöst wird.[2] Dieser Begriff ist vor allem deshalb nicht korrekt, weil der Haß auf Homosexuelle in unserer Gesellschaft nur sekundär erscheint gegenüber der Angst vor und dem Haß auf das, was man bei anderen Männern und sich selbst als »feminin« empfindet; wie mir scheint, wird nicht die Homosexualität an sich abgelehnt.

Unabhängig davon, ob sie ein in konventioneller Weise feminines oder maskulines Verhalten oder Erscheinungsbild zeigen, werden alle Homosexuellen einfach aufgrund der Tatsache als feminin erlebt, daß sie einen anderen Mann sexuell begehren und lieben wollen. Je weiblicher oder weiter entfernt von einem männlichen Gebaren sich ein Homosexueller gibt, desto mehr Feindseligkeit ruft er im allgemeinen hervor, es sei denn, er kann so »tuntenhaft« sein, daß er absurd wirkt, wodurch er die Bedrohung für heterosexuelle Männer neutralisiert. Männer reagieren mit größerer Verunsicherung auf Weiblichkeit bei anderen Männern als Frauen, und im allgemeinen sind Männer auch homophobischer.

Wie zu erwarten, herrscht Homophobie vor allem in Gruppen,

denen Männer aufgrund ihrer maskulinen Qualitäten angehören und in denen das Individuum seine femininen Eigenschaften verleugnen, unterdrücken oder verdrängen muß, um das öffentliche und/oder private Image der Gruppe aufrechtzuerhalten und um weiterhin dazuzugehören. Solche Gruppen sind u. a. das Militär, Geheimdienste sowie Vereinigungen von Berufsathleten.[3]

Homophobie findet sich jedoch auch in Gruppen, in denen zwar Wert auf die »femininen« Qualitäten eines Individuums gelegt, innerhalb der Struktur der Institution jedoch oder als Teil deren öffentlichen Images das »Mannsein« hoch bewertet wird. Bei manchen Männern in derartigen Gruppen – z. B. in der katholischen Kirche oder in psychoanalytischen Berufsverbänden – kann diese paradoxe Situation zu einem besonders hohen Maß an Ängsten und Konflikten hinsichtlich ihrer femininen Eigenschaften führen.

In diesen Gruppen werden die Mitglieder zum Teil danach ausgewählt, daß sie ein hohes Maß an Passivität tolerieren und Autorität akzeptieren können. Innerhalb der Organisationsstruktur dieser Gruppen wird jedoch großer Wert auf das »Mannsein« gelegt; in der Kirche sind Frauen von der Priesterschaft ausgeschlossen, und in der analytischen Gemeinschaft werden Homosexuelle allein aufgrund ihrer sexuellen Orientierung nicht zur Lehranalyse zugelassen.[4]

Allen Epidemien wurde in der Geschichte ein moralischer Zweck unterstellt. Sie wurden als Folge menschlicher Missetaten und Ausdruck des göttlichen Willens betrachtet. Die Anstekkungsopfer – z. B. Tuberkulose- und Leprakranke – wurden manchmal isoliert und schikaniert und zumeist so behandelt, als hätten sie ihr Leiden selbst verschuldet.

Abgesehen von Syphilis ist AIDS die einzige potentiell tödliche Krankheit, die auf sexuellem Weg übertragen werden kann. Obwohl ein Viertel aller AIDS-Opfer in den USA Fixer sind und die Infektionsrate innerhalb dieser Gruppe mit tragischer und alarmierender Geschwindigkeit zunimmt, während die Rate neuer Infektionen bei den Homosexuellen gesunken ist, wird doch die homosexuelle Gemeinschaft attackiert, und homosexuelle Männer werden als Verursacher und Verbreiter der Krankheit verleumdet. Als ich diese Zeilen schrieb, lautete eine Überschrift in der *Times*: »AIDS löst eine Epidemie von Gewalt gegen Homosexuelle aus.« In New York erhöhte sich die Rate von gemeldeten Angriffen auf Homosexuelle von 176 im Jahr 1984 auf 517 im Jahr 1987, sicher nur ein Bruchteil der tatsächlichen Vorfälle.

In einem Brief der *American Family Association*, mit dem Unterschriften für eine Eingabe gesammelt werden sollten, hieß es: »Liebe Familienmitglieder:

...Wenn Sie die Gesundheit und die Sicherheit Ihrer Familie schützen wollen, dann müssen die das AIDS-Virus übertragenden Homosexuellen auf der Stelle in Quarantäne... Diese perversen Krankheitsüberträger laufen unbekümmert frei herum und machen möglicherweise Sie zu ihrem nächsten Opfer. Was kann man von degenerierten Sex-Besessenen anderes erwarten als Selbstsucht?«[6]

Und im Leitartikel einer medizinischen Zeitschrift war 1984 zu lesen:

»...Wir sehen, daß homosexuelle Männer nicht nur die zu erwartenden Folgen ihrer Promiskuität ausbaden müssen, indem sie genau wie promiske Heterosexuelle unter Geschlechtskrankheiten leiden, sondern auch andere ungewöhnliche Konsequenzen zu tragen haben. Vielleicht ist Homosexualität doch kein alternatives Verhalten, sondern, wie schon in den weisen Quellen der Bibel festgestellt, einfach pathologisch.«[7]

Natürlich forderten in den siebziger und frühen achtziger Jahren mit dem Aufkommen der Schwulen-Empanzipationsbewegungen manche Homosexuelle öffentlich und demonstrativ das Recht auf ihre Sexualität bis hin zu sexuellen Exzessen. Aber die Behauptung, daß alle homosexuellen Männer promisk sind oder es waren, ist ein bösartiges Stereotyp, wie es immer wieder gegen alle Minderheiten gerichtet wird, die aufgrund ihres Andersseins gefürchtet werden.

Inzwischen nimmt man an, daß nicht die Anzahl der Sexualkontakte oder der Sexualpartner, sondern die Art des

Sexualaktes für die Übertragung des tödlichen Virus verantwortlich ist. Warum wird so oft die Promiskuität erwähnt und so selten der analrezeptive Sex, bei dem das Virus am leichtesten übertragen werden kann? Analverkehr ist das deutlichste Bild dafür, wie ein Mann die weibliche Rolle übernimmt, und über eine derartige sexuelle Aktivität läßt sich kaum schreiben, geschweige denn detailliert diskutieren.

Ich glaube, in unserer Kultur gibt es eine anhaltende primitive Verachtung gegenüber allem, was mit Frauen in Verbindung gebracht wird. Aus kulturellen Zeugnissen geht hervor, daß in Gesellschaften, in denen Weiblichkeit als »Verunreinigung« gesehen wird, weibliche Charakterzüge bei Männern am meisten gefürchtet sind.[8] Negative Verhaltensweisen wie Neid, Eifersucht, Kleinlichkeit, verführerisches Auftreten werden mit Frauen in Verbindung gebracht.

Eine Ironie der AIDS-Krise besteht darin, daß Liebe, Wärme, Umsorgen, Nähren und Ernähren, alles auch mit Frauen assoziierte Eigenschaften, homosexuelle Männer dazu in die Lage versetzt haben, Leben zu verlängern und zu retten. AIDS hat die Homosexuellen organisiert und sie mobilisiert, tatkräftig für soziale und politische Veränderungen einzutreten.

6. *Die zwischenmenschlichen Beziehungen von Homosexuellen*

Der Eindruck, daß alle Homosexuellen promisk seien, wurde in letzter Zeit durch die AIDS-Krise geschürt. Als erste stellten Kinsey und seine Mitarbeiter das stereotype Bild des Homosexuellen, der auf dauernder Suche nach allen möglichen Arten sexueller Aktivität ist, infrage. Sie fanden heraus, daß die Mehrheit der Homosexuellen tatsächlich weniger sexuelle Kontakte in ihrem Leben hat als Heterosexuelle.[1] Es trifft natürlich auch zu, daß Homosexuelle in ihrem Leben eine hohe Anzahl wechselnder Sexualpartner haben, wahrscheinlich signifikant mehr als Heterosexuelle.[2] Die Anzahl verschiedener Sexualpartner im Leben eines Homosexuellen schließt jedoch nicht aus, daß dieser Mann eine länger dauernde Beziehung hat oder daß auch Zeiten sexueller Inaktivität vorkommen. Die Tatsache, daß Homosexuelle allgemein weniger sexuelle Kontakte haben als Heterosexuelle, läßt darauf schließen, daß manche Homosexuelle in bestimmten Lebensabschnitten das Masturbieren favorisieren.

Es gibt drei Kategorien homosexueller Beziehungen: langfristige Beziehungen, die in meiner Definition ein Jahr oder länger dauern, kurzfristige über einen Zeitraum von zwei bis drei Nächten bis zu einem Jahr und die anonyme sexuelle Begegnung.

Anonyme sexuelle Begegnungen finden üblicherweise auf öffentlichen Toiletten, in Homosexuellen-Kinos und Porno-Shops, in Parkanlagen und Saunen statt. Solche Begegnungen haben für verschiedene Männer zu verschiedenen Zeiten unterschiedliche Funktionen. So können sie Homosexuellen, die in einer festen Beziehung leben, sexuelle Abwechslung bieten, was die emotionale Treue und Stabilität einer Beziehung bewahren kann. Auf diesen Punkt werde ich später zurückkommen.

Diese anonymen sexuellen Begegnungen bieten auch ein Ventil für isolierte Homo- oder Bisexuelle. Eine Untersuchung zeigte, daß Männer, die aufgrund ihrer Religionszugehörigkeit oder wegen ihres Status als Ehemänner eine Auf- oder Entdekkung ihrer Homosexualität fürchten, sich am ehesten in öffentlichen Toiletten sexuell betätigen. Im allgemeinen sind diese Männer voll in die heterosexuelle Gemeinschaft integriert und scheinen ein konventionelles Leben zu führen.[3] Gewöhnlich kommt es bei diesen Begegnungen zu keiner emotionalen Bindung, aber es kann ein hohes Maß an Zuneigung ausgedrückt werden.

Für manche isolierte Homosexuelle ist die Umgebung genauso wichtig wie der eigentliche sexuelle Kontakt: allein durch das Zusammensein mit anderen Homosexuellen stellen sich Erleichterung und Wohlbehagen ein. Ein Mann berichtete, daß er sich in einem Homosexuellen-Kino unter all den Männern, die genauso fühlten wie er, so entspannt, sicher und wohl fühlte, daß er oft in einen erholsamen Schlaf gesunken sei. Sowohl die Umgebung als auch der sexuelle Kontakt können eine Erholung von der gesellschaftlichen Stigmatisierung und den deprimierenden Vorurteilen bedeuten, und man kann seine narzißtischen Wunden zumeist zeitweise kühlen.

Manche Homosexuelle, die mit der Empfindung aufgewachsen sind, sich am Rande der Gesellschaft zu befinden, weil ihre sexuelle Orientierung mit Mißbilligung betrachtet wurde, bevorzugen vielleicht verstohlene sexuelle Begegnungen in einer Umgebung, die wenig attraktiv bis gruselig ist, da das ihrem Gefühl, »sexuell Geächtete« zu sein, entspricht. Oft kann es auch dort zu Ablehnung kommen, aber sie ist kontrollierbar, zählt nicht viel und schmerzt weniger als die Ablehnung, die Homosexuelle durch die Gesellschaft erfahren.

Homosexuelle haben häufiger als Heterosexuelle kurze sexuelle Begegnungen, um eine soziale Beziehung einzugehen. Es ist immer noch sehr schwierig, andere Homosexuelle zwanglos zu treffen. Inzwischen gibt es vermehrt Organisationen auf den Colleges, wo dies möglich ist, doch vor der AIDS-Epidemie waren Homosexuellen-Bars und Baderäume traditionelle Treffpunkte. Ein Homosexueller traf z. B. andere Homosexuelle ausschließlich in Pornokinos. Gewöhnlich kam es zu sexuellen Handlungen, dann ging er mit dem anderen Mann in seine oder dessen Wohnung, und sie verbrachten die Nacht zusammen. Einmal führte eine derartige Begegnung zu einer mehrere Monate dauernden Beziehung.

Kurze sexuelle Begegnungen, für beide Seiten anonyme und nur der Entspannung dienende sexuelle Kontakte können nicht unabhängig von ihrem sozialen Kontext gesehen werden. Legale Bindungen, um eine Beziehung zu bekräftigen, gibt es nur für Heterosexuelle, nicht für Homosexuelle; es gibt für sie keine Trauscheine, keine steuerlichen Vorteile und im allgemeinen keine Kinder. Bekannterweise stellt die Legitimation natürlich keine Garantie für Monogamie und für die Stabilität heterosexueller Beziehungen dar, aber der Mangel an Anerkennung erschwert doch die Bildung und Aufrechterhaltung von homosexuellen Beziehungen. Die Wut auf die soziale Ungerechtigkeit hat viele Homosexuelle veranlaßt, sich ihr Recht auf sexuelle Beziehungen zu nehmen, die deutlich den sozialen Konventionen der Gesellschaft zuwider laufen.

Biologische Faktoren im Zusammenhang mit der männlichen Sexualität spielen wahrscheinlich ebenfalls eine wichtige Rolle für die sexuelle Aktivität eines Homosexuellen und die Anzahl seiner Sexualpartner. Wenn es ihnen selber überlassen bleibt und sie die Gelegenheit dazu haben, sind Männer wahrscheinlich im allgemeinen promisker als Frauen. »Das zeigt die Geschichte seiner anthropoiden Vorfahren, und das ist die Geschichte von hemmungslosen Männern auf der ganzen Welt.«[4] In ihrer emotionalen und physischen Bedürfnisbefriedigung scheinen Männer auch weniger objektbezogen zu sein als Frauen. Im Kulturvergleich sind Frauen weniger an einem Wechsel ihrer Sexualpartner interessiert als Männer.[5]

Trotz all dieser entwicklungsbedingten und sozialen Hindernisse gibt es mehr langdauernde homosexuelle Beziehungen als allgemein angenommen.[6] Bis vor kurzem bemühten sich die für die psychische Gesundheit zuständigen Berufsgruppen kaum, das Wesen solcher Beziehungen zu verstehen.[7] Die Hypothese einer pathologischen Eltern-Kind-Beziehung und die daraus resultierende Ansicht, daß alle Homosexuellen emotional gestört seien, führten zu der weitverbreiteten Annahme, Homosexuelle seien zu dauerhaften Beziehungen unfähig.[8]

Tatsächlich versuchen manche Homosexuelle – wie auch manche Heterosexuelle – intime sexuelle oder emotionale Bindung zu vermeiden und neigen zu kurzzeitigen Beziehungen. Dies ist vor allem dort der Fall, wo intime Beziehungen eine oft unbewußte Erinnerung an die in der Kindheit erlebten Verletzungen und Ablehnungen wachrufen. Die häufig in der Kindheit und Jugend vom Vater und von Gleichaltrigen erfahrene Ablehnung trägt dazu bei, daß ein Homosexueller jeder Beziehung Mißtrauen entgegenbringt. Konfrontiert mit den Vorurteilen über das Ausleben ihrer Sexualität sind viele erwachsene Homosexuelle wütend und verletzt und zögern, das Risiko einer weiteren Ablehnung einzugehen oder ihren Partner der Wut, die sie in sich verspüren, auszusetzen.

Diese entwicklungsbedingten und sozialen Hindernisse, die bei manchen Männern zu einer Vermeidung jeglicher intimen Beziehung führen, können bei anderen bewirken, daß sie zwar Beziehungen eingehen, aber in Erwartung einer Ablehnung extrem vorsichtig sind. Einige hegen die unbewußte Absicht, ihren Partner abzulehnen, wie auch sie als Kinder abgelehnt wurden, und gehen »Haß- und Vergeltungsbindungen« ein. Solche rachsüchtigen Bindungen sind selbstverständlich nicht charakteristisch für alle homosexuellen Beziehungen und beschränken sich auch nicht auf Homosexuelle, aber sie kommen doch häufig bei ihnen vor.[9]

Aus der therapeutischen Praxis will ich nun einige Beispiele länger dauernder Beziehungen vorstellen, um einige der Hindernisse aufzuzeigen, die Homosexuelle überwinden müssen, wenn sie eine funktionierende Beziehung aufbauen wollen. David und sein Partner sind seit fünfzehn Jahren zusammen. Jeder ist um das Wohlbefinden des anderen bemüht. Sie besitzen gemeinsam ein Haus, haben nur selten unabhängig voneinander soziale Kontakte und verfügen über ein gemeinsames Bankkonto. Obwohl sie sich lieben, ist David ständig verärgert über seinen Geliebten, der ihn, wie er meint, oft ablehnt und ignoriert. In seiner Therapie erkannte David, daß er von Kindheit an bis in die Gegenwart ähnliche Gefühle der Ablehnung durch seinen Vater und in geringerem Maß durch seine Mutter gespürt hatte. Nun ist er nicht mehr das hilflose Kind und kann sich rächen, indem er sich zurückzieht oder herablassend ist, was wiederum seinen Geliebten verärgert. Wenn er sieht, daß Jonathan wütend ist und ihn als Reaktion darauf ablehnt, kann er seinen eigenen Ärger rationalisieren und sich weiter zurückziehen. Dieser Kreislauf von Angst und Ablehnung, Ärger und Vergeltung und weiterer Ablehnung ist jenem nicht unähnlich, den man in vielen heterosexuellen Beziehungen finden kann; bei vielen homosexuellen Paaren steht diese Dynamik typischerweise in Zusammenhang mit der nicht verarbeiteten Wut aus der Vater-Kind-Dyade in der Kindheit.

Bei Howard zeigt sich auf etwas andere Weise, wie diese Wut eine erwachsene Beziehung stören kann. Er und sein Geliebter sind seit fünf Jahren zusammen. Howard ist Anfang dreißig, sein Freund ist sechs Jahre jünger als er. Sie leben zusammen, teilen ihre finanziellen Mittel, haben gemeinsame soziale Kontakte und verbringen einen Großteil ihrer Freizeit zusammen. Ursprünglich suchte Howard Hilfe, weil er sich in seiner Arbeitsfähigkeit beeinträchtigt sah und mit sich und seinem Leben unglücklich und unzufrieden war. Die Beziehung zu seinem Freund schien relativ konfliktfrei zu sein, aber nach vielen Monaten der Analyse wurde klar, daß Howard es vermied, über Aspekte seiner Beziehung zu sprechen, die problematisch und voller Konfliktstoff waren.

Howard war von seinem Vater emotional mißhandelt worden. Seine ganze Kindheit hindurch war dieser sehr fordernd gewesen und hatte ihn zurückgewiesen, wenn er sich nicht seinen

Erwartungen gemäß verhielt. Er neigte zu Bösartigkeit, die sich gegen ihn wie auch gegen seinen älteren Bruder und seine Mutter richtete. Deshalb fand Howard Mittel, um den Launen seines Vaters aus dem Weg zu gehen: Er wurde verschlossen und verschwiegen und »machte sich unsichtbar«.

Bei seinem Partner zeigt Howard die gleichen Rückzugsmuster: Richard versucht ihn in ein Gespräch zu ziehen, und Howard antwortet nur einsilbig und scheint unkonzentriert. Die meiste Zeit ist er sexuell inaktiv, und Richard muß ihn mühsam dazu überreden, auf ihn zu reagieren. Dieses Verhalten provoziert seinen Freund, sich wie Howards Vater zu verhalten: Er wird offen feindselig und wütend. Howard beschreibt diese Vorfälle als vorhersehbar und äußert dies mit einer derartigen Ruhe und Sicherheit, daß man den Eindruck bekommt, seine Vertrautheit mit diesen Gefühlen liefere ihm einen gewissen Trost. Interessanterweise stellt er fest, daß er sich seinen Freund, der ein sehr ruhiges Temperament hat, deswegen ausgesucht hat, weil dieser offensichtlich so wenig Ähnlichkeit mit seinem Vater besitzt. Richards ruhiges und friedliches Wesen scheint jedoch eine Spannung zu produzieren, die sowohl aus der Unähnlichkeit mit Howards Vater resultiert als auch aus Howards Sehnsucht, seinem Vater nahe zu sein. Beides bringt ihn dazu, Richard zu provozieren.

Diese beiden eben vorgestellten Paare tolerieren explizit keine sexuellen Kontakte außerhalb der Beziehung, sind also alles in allem monogam. Viele homosexuelle Paare schließen innerhalb ihrer Beziehung einen expliziten oder impliziten Vertrag, der sexuelle Beziehungen außerhalb der Beziehung erlaubt. Offene Beziehungen bedeuten nicht Instabilität oder Mangel an Bindung, Liebe oder Engagement, ebenso wie eine monogame hetero- oder homosexuelle Beziehung nicht notwendigerweise auf Stabilität, Bindung, Liebe und Engagement schließen läßt.

Durch sexuelle Offenheit wird nicht notwendigerweise die emotionale Treue in Frage gestellt; vielmehr können sexuelle Kontakte mit anderen Personen manchen Beziehungen durchaus guttun. Weil unbewußt eine Ablehnung befürchtet wird, kann Nähe angstauslösend sein, oder es kann sein, daß die frühen erotischen Gefühle und die Bindung an den gleichgeschlechtlichen Elternteil, die in einer Erwachsenen-Beziehung wieder wachgerufen werden, verleugnet werden müssen. Für manche Männer könnten die durch die Ablehnung und den Rückzug des Vaters hervorgerufenen Aggressionen ein starkes Motiv für sexuelle Aktivitäten außerhalb der Beziehung sein, die dann dazu dienen, von den Aggressionen abzulenken oder den Geliebten dazu zu bringen, sich wie der ablehnende Elternteil zu verhalten. Oft können solche Aktivitäten tatsächlich eine Beziehung stabilisieren, indem vorhandene Spannungen dadurch abgebaut werden.

Angesichts der Hindernisse, die einer langdauernden Beziehung von Homosexuellen im Weg stehen können, muß man sich fragen, warum homosexuelle Beziehungen überhaupt so gut und so oft funktionieren. Zum einen haben Partner des gleichen Geschlechts am Anfang einer Beziehung ein sehr hohes Maß an Verträglichkeit und gegenseitigem Verständnis, wie das bei gegengeschlechtlichen Paaren kaum zu finden ist. Da man das gleiche Geschlecht hat, versteht man sich auf Anhieb, was die Anfangsperiode einer Beziehung sehr aufregend macht.[10] Gerade diese anfängliche Erregung ermöglicht es zwei Männern manchmal, eine Beziehung voller Enthusiasmus anzugehen.

Die Ähnlichkeit kann sich jedoch auf einen längeren Zeitraum gesehen als Belastung herausstellen. Menschen scheinen ein Gefühl des Unterschieds zu benötigen, um die Spannung der sexuellen Erregung wie auch den Eindruck, zusammenzuwachsen, aufrechtzuerhalten.

Viele Homosexuelle wählen sich ihren Partner auf der Grundlage ihrer Vorstellung von sozial akzeptablen gegengeschlechtlichen Beziehungen aus und haben dabei oft die Beziehung ihrer Eltern vor Augen. Im Glauben, daß Ähnlichkeit am ehesten zu Verträglichkeit führt, wie dies bei heterosexuellen Paaren der Fall ist, suchen Homosexuelle sich Partner aus, die ihnen in Alter, Interessen und Beruf ähnlich sind. Ich habe den Eindruck, daß sich das sexuelle und das emotionale Interesse in solchen

Beziehungen einfach aufgrund der Tatsache, daß weder eine die sexuelle Erregung fördernde Spannung noch Raum für ein emotionales Wachstum vorhanden sind, schneller verflüchtigt.

Viele glückliche homosexuelle Beziehungen basieren auf einem Unterschied der Partner – einem Unterschied im Alter, der Rasse, dem sozialen Status oder der Persönlichkeit –, der die Möglichkeit der Ergänzung bietet, eine Spannung des sexuellen Verlangens gewährleistet und auch den emotionalen Raum schafft, in dem das Paar sich entfalten kann.[11] Diese Ergänzung ist für heterosexuelle Beziehungen nicht so wichtig, weil dort die Geschlechter verschieden sind. Natürlich bedeutet dieser Unterschied nicht notwendigerweise, daß zwei Menschen sich ergänzen, und selbst wenn dies der Fall ist, ist es nicht unbedingt eine Garantie für den Erfolg der Beziehung. Aber im allgemeinen sind die Unterschiede zwischen den Partnern in einer gleichgeschlechtlichen Beziehung ein Gewinn für ihre Sexualität. Bei heterosexuellen Paaren sind solche Unterschiede oft der Grund für ein Scheitern.

Joshua und Michael sind seit neun Jahren zusammen. Michael wuchs in einer reichen jüdischen Familie auf, ging aufs College und anschließend auf die Graduate School. Er ist jetzt ein erfolgreicher Manager an der Wall Street. Joshua wuchs in einer Familie der unteren Mittelschicht auf, ist Protestant, verließ im Alter von fünfzehn Jahren sein Elternhaus und ging nicht aufs College. Zwischen den beiden besteht ein Altersunterschied von zwanzig Jahren. Beide berichten, daß sie in der Beziehung gewachsen sind und jeder gegenüber den Bedürfnissen des anderen toleranter geworden ist. Michael bringt inzwischen mehr Verständnis auf für die Auswirkungen der frühen finanziellen Entbehrungen, die zu Joshuas Konsumrausch führten, und Joshua toleriert Michaels emotionale Bedürfnisse immer besser, die aus dem Mangel an Mutterliebe in seiner Kindheit stammen. Sie berichten von einem konstanten Erneuerungsprozeß, der von den Versuchen herrührt, den Bedürfnissen des anderen entgegenzukommen. Außerdem beschreiben sie beide eine immer noch vorhandene sexuelle Anziehungskraft, die sie in ihrer Beziehung zusammenhält. Dies kommt im allgemeinen bei langdauernden Beziehungen zwischen Partnern, die sich im Alter und in ihren Interessen eher ähnlich sind, nicht vor. Dieses Paar neigt auch zu einer größeren Monogamie als viele andere homosexuelle Paare.

Ein weiterer Faktor, der homosexuelle Beziehungen zusammenhält, ist die große Betonung von emotionaler Treue. Da es keine legalen, sozialen oder religiösen Absicherungen gibt, hat die emotionale Treue einen sehr hohen Stellenwert; der sexuellen Treue wird jedoch eine geringere Bedeutung eingeräumt, als dies in heterosexuellen Beziehungen der Fall ist. Im Gegensatz zu heterosexuellen Ehen gibt es wahrscheinlich eine größere Ehrlichkeit und weniger Heuchelei, wenn es um sexuelle Aktivitäten außerhalb der Beziehung geht.

Ich glaube, daß homosexuelle Männer in ihren Beziehungen sexuell flexibler sein und eher ihre Rollen wechseln können als heterosexuelle Männer. Allgemein wird jedoch von einer sexuellen Stereotypisierung in homosexuellen Beziehungen ausgegangen.[12] Aber dieser Vorgang ist meiner Erfahrung nach ungewöhnlich für langdauernde homosexuelle Paarbeziehungen, bei denen Sexualität noch eine Rolle spielt.[13] Obwohl die sexuelle Befriedigung bei homo- wie auch bei heterosexuellen Paaren ein breites Spektrum und eine Vielfalt von sexuellen Phantasien aufweist, beschränken anatomische Unterschiede, soziale Konventionen und die Fortpflanzung die Flexibilität der sexuellen Rollen bei heterosexuellen Paaren. Wenn manche homosexuellen Männer nicht imstande sind, ihre sexuelle Rolle so zu verändern, daß sie sowohl aktiv wie auch passiv sein können, ist dies gewöhnlich ein Zeichen für eine gehemmte Sexualität.

Einer meiner Patienten, 33 Jahre alt, hat seit fünf Jahren eine Beziehung, in der er immer die sexuell aktive und sein Partner die passive Rolle übernimmt. Mein Patient hat große Ängste, im Analverkehr die passive Rolle zu übernehmen, und muß deshalb ständig den aktiven Teil übernehmen, um seine Ängste beim sexuellen Akt zu verringern. Seine Ängste sind mit dem Gefühl verbunden, wie eine Frau zu sein, was unbewußt mit passiven Sehnsüchten verknüpft ist (s. Kap. 3). Um die Beziehung aufrechtzuerhalten, spielt sein Partner mit, aber er lehnt sich verbal dagegen auf, immer in der passiven Rolle zu sein.

Im Zusammenhang mit einer größeren Flexibilität der sexuellen Rollen kann es bei homosexuellen Paaren auch zu einer größeren Flexibilität in ihren psychosexuellen Einstellungen bezüglich Dominanz und Unterwerfung kommen, als dies bei heterosexuellen Paaren allgemein üblich ist, wo die konventionellen Geschlechterrollen gewöhnlich rigider aufrechterhalten werden. Ein heterosexueller Mann übernimmt in unserer Gesellschaft gewöhnlich die dominante Rolle und ist normalerweise der aktive Teil; die Frau hingegen ist eher ergebener, nicht nur aufgrund ihrer Anatomie, sondern auch aufgrund der sozialen Rollenverteilung, die im Geschlechtsakt oft übernommen wird.

Der passive, aufnehmende Mann beim Analverkehr fühlt oft, daß er seinen Partner kontrolliert und manipuliert, und kann sogar das Gefühl haben, der dominante Partner zu sein. Häufiger noch kann der »aktive« Sexualpartner bei Fellatio, die Person, deren Penis gesaugt wird, sich selbst als passiv erleben, während der Partner, der als der passivere erscheint, fühlen kann, daß er den Akt kontrolliert, indem er auf die sexuellen Bedürfnisse seines Partners eingeht. Diese Flexibilität ist bei heterosexuellen Paaren aufgrund der sozialen Konventionen und der Anatomie vielleicht nicht so häufig. Die meisten homosexuellen Männer finden es nicht mehr so wichtig, geschlechtsspezifische oder konventionelle Verhaltensmuster aufrechtzuerhalten, weil sie durch ihre Zugehörigkeit zu einer Randgruppe stigmatisiert sind. Wo die Sexualität sozial zensiert wird, ist es wahrscheinlicher, daß die gegenseitigen Bedürfnisse eines Paares eher den Rahmen für den Sexualakt vorgeben, diktieren und formen als die Konventionen, die oft den heterosexuellen Akt bestimmen.

Die AIDS-Epidemie hat dazu geführt, daß viele Homosexuelle die Bedeutung, die sie auf ein von emotionalen Bindungen unbelastetes Ausleben ihrer Sexualität gelegt haben, in Frage stellen.

Die Überzeugung vom Recht auf möglichst viele sexuelle Begegnungen entstand aus einer Trotzreaktion gegenüber den sozialen Vorurteilen und heterosexuellen Normen, nach denen homosexuelle Männer beurteilt werden. Ich kenne keine Statistik über langdauernde Beziehungen aus den letzten neun Jahren, aber ich habe den Eindruck, daß der Wunsch nach einer dauerhaften Beziehung heute weitaus größer ist als je zuvor. Die soziale Diskriminierung Homosexueller hat jedoch in der AIDS-Krise die Probleme vieler Männer mit ihrer Sexualität verschärft und auch die Angst vergrößert, sich offen als Homosexuelle zu zeigen, was paradoxerweise das Eingehen dauerhafter Bindungen erschwert.

Ein Paar sollte durch die emotionale Verbundenheit definiert werden; es ist nicht die körperliche Nähe, die das Wesen einer Beziehung ausmacht. David McWhirter und Andrew Mattison beschreiben 156 homosexuelle Paarbeziehungen, die zwischen einem und siebenunddreißig Jahren dauerten; viele von ihnen leben nicht zusammen und müssen in ihrer Beziehung improvisieren, da ihr Leben sich außerhalb der breiten gesellschaftlichen Übereinstimmung abspielt.[14] Viele Homosexuelle übernachten zwar gelegentlich in der Wohnung des Partners, aber jeder von ihnen unterhält eine eigene Wohnung, obwohl sie sich als Paar betrachten und schon seit langer Zeit zusammen sind. Zwei mir bekannte Männer bezeichnen sich als Paar, obwohl sie in verschiedenen Städten leben. Es ist sogar nicht ungewöhnlich, daß einer der Partner in einer homosexuellen Paarbeziehung in einer heterosexuellen Ehe lebt.

Alan Bell und Martin Weinberg haben herausgefunden, daß Männer, die in einer engen Beziehung zusammenleben, weniger dazu neigen, ihre Homosexualität zu bedauern, und sie auch wesentlich seltener Schwierigkeiten mit ihrer sexuellen Orientierung haben.[15] Meine klinischen Erfahrungen und Beobachtungen bestätigen diese Ergebnisse. Die Fähigkeit, sich zu verlieben und eine Beziehung über einen längeren Zeitraum hinweg aufrechtzuerhalten, erfordert ein hohes Maß an Selbstwertgefühl oder »gesundem Narzißmus«. Homo- wie auch heterosexuelle Männer müssen dazu die in einer unzureichenden Mutter-Kind-Beziehung entstandenen Verletzungen überwinden. Darüber hinaus müssen Homosexuelle auch noch die Verletzungen des Selbstwertgefühls, die aus der väterlichen Ablehnung und der Stigmatisierung durch Gleichaltrige und durch die Gesellschaft herrühren, bewältigen. Nur eine Person mit einem gesunden Selbstwertgefühl kann Liebe annehmen und geben. Wer zuviel Wut aufgrund einer dieser Verletzungen in sich trägt, neigt wahrscheinlich am ehesten dazu, sich selbst als liebesunfähig zu betrachten und diese Unfähigkeit auf seine Homosexualität zurückzuführen.

Die Nachteile, die homosexuellen Männer in unserer Gesellschaft drohen, wenn sie eine feste Beziehung eingehen, werden aufgewogen durch die in einer Liebesbeziehung mögliche Heilung emotionaler Verletzungen. Natürlich ist es für jeden Menschen wichtig, über einen längeren Zeitraum hinweg die Erfahrung gegenseitiger Liebe und Fürsorge zu machen. Aber für homosexuelle Männer sind derartige Liebesbeziehungen besonders wichtig, um die in der Kindheit oder durch die Gesellschaft zugefügten Wunden zu heilen. Alles andere ist bestenfalls vorübergehendes Wohlbefinden und aller Wahrscheinlichkeit nach illusionär und oberflächlich.

7. Homoerotische Phantasien von Heterosexuellen und die Frage der Bisexualität

In unserer Gesellschaft steht »feminin« für Passivität und Ergebenheit, »maskulin« hingegen für Aktivität und Dominanz. Der Wunsch, wie eine Frau zu sein, kann für manche Männer als Schutz vor den Gefahren dienen, die sie für sich in männlicher Selbstbehauptung und Konkurrenzhaltung spüren. »Feminine Wünsche« treten bei heterosexuellen Männern in unserer Gesellschaft oft als homosexuelle Phantasien auf. Es ist sehr interessant, daß der Wunsch, wie eine Frau zu sein, sich häufig in homosexuellen Phantasien ausdrückt, wird doch dadurch die Botschaft übermittelt, daß Homosexuelle ihrem Wesen nach passiv und unterwürfig sind.[1]

Defensive Homosexualität tritt am häufigsten bei heterosexuellen Männern auf, die ihre Väter als mächtig, autoritär und furchterregend, ihre Mütter als unterwürfig, dominiert und von ihren Ehemännern erniedrigt erlebt haben. Diese Sichtweise, die durchaus oft eine reale Basis hat, benutzt das heterosexuelle Kind zur Verstärkung seiner ödipalen Wünsche, der Verbündete der Mutter zu sein und sie vor dem Vater zu retten. Die Wahrnehmung des Kindes, daß der Vater die Mutter erniedrigt, wird durch die kindliche Rivalität mit dem Vater und die Wut auf ihn weiter verstärkt. Dadurch erhöht sich auch die unbewußte kindliche Angst, daß der Vater sich für diese Rivalität rächen könnte. Für die defensiven homosexuellen Phantasien möchte ich zwei Beispiele aus meiner analytischen Tätigkeit anführen:

Bob begann seine Analyse mit 23 Jahren. Zwei Jahre zuvor hatte er sein College-Studium mit sehr guten Zeugnissen abgeschlossen; auch in der High School war er ein sehr guter Schüler gewesen. Nach dem College besuchte er die Graduate School, brach jedoch im ersten Jahr sein Studium ab, weil er das Interesse daran verloren hatte. Danach arbeitete er in der Werbebranche, hörte aber nach sechs Monaten wieder auf, weil er abermals kein Interesse mehr an seinem Job hatte. Als er mit der Analyse begann, war er Verkäufer in einem kleinen Laden. Er wollte sich behandeln lassen, weil er sich über seinen Mangel an Motivation und über sein Gefühl sexueller Unzulänglichkeit Sorgen machte. Er litt unter vorzeitiger Ejakulation und Impotenz bei Frauen und traf deshalb kaum noch Verabredungen. Seine Masturbationsphantasien handelten von erigierten Penissen, er sah sich selbst Fellatio ausüben und – allerdings seltener – bei leidenschaftlichen heterosexuellen Akten.

Bobs Vater war ein reicher, sehr erfolgreicher Geschäftsmann. Bob empfand ihn als mächtig, konkurrierend, emotional distanziert und als jemand, der sich seiner zärtlichen Gefühle schämt und Zärtlichkeit bei anderen verachtet. Hierin, so hatte Bob den Eindruck, glich er seinem Vater. Bob erkannte, daß er in seiner Kindheit der Mutter ungewöhnlich nahe gewesen und deren Haltung seinem Vater gegenüber widersprüchlich gewesen war; manchmal unterwarf sie sich ihm, aber gewöhnlich würdigte sie ihn herab. Ihm wurde immer bewußter, daß er auf sie wie auf andere Frauen eine sadistische Wut hatte, weil sie seine frühen erotischen Sehnsüchte frustriert und einen älteren Bruder bevorzugt hatte. Am Ende seines vierten Analysejahres hatte Bob mit Erfolg ein Jurastudium absolviert und einen Job in einer großen Firma gefunden. Diese Erfolgsphase war zum Teil bedingt durch eine starke positive Übertragung und durch seine Angst, daß ich ihn nicht mögen würde, wenn er mich enttäuschte. Seine Erfolge gingen einher mit Konkurrenzgefühlen mir, seinem Vater und seinen Kollegen gegenüber sowie mit homoerotischen Phantasien innerhalb und außerhalb der Analyse.

Nachdem er einmal von seinem Chef für eine ungewöhnliche und innovative Lösung eines komplizierten arbeitstechnischen Problems gelobt worden war, hatte er in der Nacht den folgenden Traum: »Ich lag unter ein paar Decken und hatte meine

Shorts an. Plötzlich reibt so ein Typ sein Bein gegen meines. Ich wollte unter diesen Decken hervorkommen, aber ich konnte es nicht, weil meine Hose verschwunden war und er bemerkt hätte, daß ich eine Erektion hatte. Er wollte mich küssen, und ich wollte ihn auch küssen. Ich war sexuell erregt, obwohl ich mich dagegen wehrte.« Er war voller sexueller Empfindungen für mich, und er fühlte sich klein, ohnmächtig und hilflos. Dann erinnerte er sich an eine weitere Einzelheit seines Traumes: Seine Beine waren auseinandergespreizt wie bei einer Frau. Sein Penis war so klein wie eine Klitoris gewesen, und er hatte sich hilflos und unfähig gefühlt, irgend etwas aus eigenem Antrieb zu tun, gerade eben wie eine Frau. Er dachte darüber nach, was für ein Gefühl es wäre, von mir anal penetriert zu werden.

Bobs Analyse schritt weiter fort, und er fand Zugang zu seinen bislang unbewußten Konkurrenzgefühlen gegenüber seinem Vater und seiner Wut auf die Mutter. Gleichzeitig war er weiter in seiner Arbeit erfolgreich und begann seine Sexualität mit Frauen mehr zu genießen. Dann jedoch verstärkten sich seine Ängste wieder, und er hatte des öfteren homosexuelle Phantasien, in denen er entweder meinen Penis oder den eines anderen Mannes liebkoste, anal penetriert wurde oder Fellatio ausübte. Tatsächliche sexuelle Begegnungen mit Männern fanden aber nicht statt. Er hatte nie eine homoerotische Erfahrung gemacht und nach wie vor auch keine großen diesbezüglichen Neigungen.

Einmal lenkte er während der Analyse meine Aufmerksamkeit in einer beiläufigen, lässigen, aber spielerisch verführerischen Weise auf seine Erektion, wobei er von exhibitionistischen kindlichen Sexspielen mit seiner Mutter berichtete. Durch seine homoerotischen Phantasien und sein exhibitionistisches Verhalten versuchte er sowohl mir als auch sich selber zu demonstrieren, daß er keine Bedrohung darstellte und ich ihn nicht wegen seiner wiedergefundenen beruflichen und sexuellen Erfolge angreifen müßte. Diese Bedrohung versuchte er zu neutralisieren, indem er »weibliche« Phantasien und Verhaltensweisen äußerte. In dieser Zeit hatte er kein Interesse an Sex mit einem anderen Mann. Vielmehr verspürte er weiterhin einen starken heterosexuellen Antrieb und hatte zunehmend befriedigendere heterosexuelle Begegnungen. Als die Analyse weiter fortschritt und schließlich ihrem Ende zuging, boten seine Aggressionen und seine Konkurrenzgefühle immer weniger Konfliktstoff; er arrangierte sich besser mit seinen Wutphantasien und hatte weniger Angst vor einer möglichen Vergeltung. Allmählich verschwanden seine homoerotischen Phantasien und wurden zum großen Teil durch heterosexuelle Phantasien ersetzt.

Die Geschichte eines anderen jungen Mannes liefert ein weiteres Beispiel dafür, wie ein heterosexueller Mann durch Aggression und Konkurrenzgefühle aktivierte homoerotische Gefühle haben kann. Jack suchte ursprünglich Hilfe, weil er sich über seine vorzeitigen Ejakulationen Sorgen machte, unfähig war, sich Frauen nahe zu fühlen, und wiederkehrende Phantasien hatte, von Männern mit einem großen Penis zu Fellatio gezwungen zu werden. Seine schlechten Leistungen in der Graduate School und seine Unfähigkeit, sich auf ein bestimmtes Berufsziel zu konzentrieren, beunruhigten ihn ebenfalls sehr. Wie Bob erlebte auch er seinen Vater als mächtig, autoritär und distanziert. Er fühlte sich seiner Mutter näher, aber ihre Aufopferung für seinen Vater erzürnte ihn; voll Wut erzählte er, daß sie sich zu leicht von ihm dominieren ließe und ihr Leben zu sehr den Bedürfnissen seines Vaters anpasse. Er fühlte sich von seinem Vater kontrolliert und glaubte, daß dieser ihn sein ganzes Leben lang nur gemocht habe, wenn er sich seinen Erwartungen gemäß verhielt. Durch seine Unfähigkeit, eine befriedigende Arbeit zu finden, machte Jack die von ihm als ehrgeizig empfundenen Pläne seines Vaters für seinen Lebensweg zunichte. Damit rächte er sich auch für dessen Bestrebungen, ihn zu kontrollieren, und für den – wie Jack es vorkam – Mangel an Aufmerksamkeit in seiner Kindheit und Jugend.

Jacks gehemmte Sexualität war ein Symptom für seinen Wunsch, seine aggressiven Impulse gegen seine Mutter und andere Frauen sowohl zu verbergen als auch sie sich zu versagen. Dies bot für die Analyse einen besseren Zugang als seine Arbeitshemmungen, hinter denen sich die mächtigere und durchgängigere Wut auf seinen Vater verbarg und gleichzeitig zeigte. In Zeiten erhöhter sexueller Aktivität und auch zunehmender sexueller Leistungsfähigkeit berichtete Jack von häufigen und beunruhigenden Bildern erigierter Penisse sowie von Gedanken an anale Penetration. Dabei gab es jedoch so gut wie keinen Impuls, sich homosexuell zu betätigen; die ganze Analyse hindurch blieben seine heterosexuellen Wünsche gleich stark. Indem er sich in der Analyse zunehmend seiner Rivalität und seiner blutrünstigen Anwandlungen gegenüber seinem Vater bewußt wurde, verringerten sich seine homosexuellen Phantasien in ihrer Intensität und Häufigkeit.

Bei diesen beiden jungen Männern wurden homosexuelle Phantasien in der späten Jugend dadurch aktiviert, daß sie aufgrund ihrer anfänglichen schulischen Erfolge glaubten, eine Bedrohung für ihre mächtigen Väter darzustellen. In ihren Phantasien drückten beide das unbewußte Bedürfnis aus, ihren Vater in Sicherheit zu wiegen, indem sie ihm zu verstehen geben wollten: »Mach dir keine Sorgen, daß ich mit dir konkurrieren könnte. Ich bin nur eine Frau!« Hemmungen im sexuellen und beruflichen Bereich dienen zusammen mit homoerotischen Phantasien dazu, die Konkurrenzgefühle und die Wut auf den Vater zu verringern, von dem angenommen wird, daß er gefährlich sei und einem durch Bestrafungen Schaden zufügen könnte. Beide Männer zogen einen zusätzlichen Gewinn daraus, sich selbst als Frauen wahrzunehmen, da sie ihren Müttern mehr zu gefallen glaubten, wenn sie ihnen ähnlicher wären als ihren Vätern. Beide verspürten jedoch einen starken Drang zu heterosexuellen Bindungen. In der Tat steigerten sich ihre heterosexuellen Aktivitäten in der Therapie, ohne daß es einer Lenkung, Verstärkung oder Manipulation bedurft hätte. Homosexuelle Phantasien von Penetration oder Fellatio waren kein Ausdruck für eine Sehnsucht nach anderen Männern, sondern dienten vielmehr dazu, den Wunsch, ohne Penis zu sein, zum Ausdruck zu bringen.

Folgende Punkte mögen hilfreich sein, um heterosexuelle Männer, die defensive homosexuelle Phantasien haben, von homosexuellen Männern zu unterscheiden:

1. Durch »quasi« homosexuelle Verhaltensweisen und Phantasien können manche erwachsenen heterosexuellen Männer den unbewußten Wunsch ausdrücken, wie eine Frau zu sein, der zunächst die Abwehr eines Selbstbehauptungskonflikts darstellt. Das Ausdrücken »femininer« Wünsche soll den Gefahren entgegenwirken, die mit dem Bestreben, männlich zu sein, verbunden sind, da dieses gleichgesetzt wird mit Konkurrenz und Durchsetzungsvermögen. Auch homosexuelle Männer können homosexuelle Phantasien manchmal defensiv verwenden, aber dies ist nicht das eigentliche Motiv für die Phantasie. Offensichtlich hat die Homosexualität von Homosexuellen wie die Heterosexualität von Heterosexuellen eine konstitutionelle Grundlage, während ihre Ausformung durch die frühe Entwicklung und die frühen Beziehungen beeinflußt wird (s. Kap. 1).

2. Gewöhnlich werden homoerotische Phantasien von Heterosexuellen in der späten Jugend durch die Bedrohungen und Gefahren, die zunehmend aggressive »maskuline« Bestrebungen in sich bergen, aktiviert. Diese Phantasien sind meist mit einer gehemmten Sexualität und einer eingeschränkten Arbeitsfähigkeit verbunden, wodurch die imaginierten Gefahren neutralisiert werden sollen. Bei Homosexuellen treten die homosexuellen Phantasien meist zu einem viel früheren Zeitpunkt auf, etwa mit vier Jahren. Zwischen diesen Phantasien und den Einschränkungen in sexuellen oder beruflichen Bestrebungen gibt es keine Verbindung.

3. Wenn homoerotische Phantasien bei einem heterosexuellen Mann auftauchen, sind sie eine Abwehr gegen die Heterosexualität, die als Bedrohung erlebt wird, weil mit den konventionellen maskulinen Bestrebungen Angst assoziiert wird. Es gibt immer noch einen starken, wenn auch konfliktbeladenen Antrieb zur Heterosexualität, und einer Verbindung mit einem anderen Mann wird wenig oder gar kein Interesse entgegengebracht. Bei dem Homosexuellen sind homosexuelles Verhalten und die Phantasien auf eine Bindung an einen anderen Mann ausgerichtet, auch wenn dies, wie beim Verhalten von Homosexuellen gegenüber Frauen, weder das einzige noch notwendigerweise

das bewußte Ziel der sexuellen Phantasien und Verhaltensweisen ist. Hypersexualität und Sexualisierung können von Homo- wie Heterosexuellen benutzt werden, um solche Bindungen zu vermeiden.

4. Die meisten, wenn auch sicher nicht alle Heterosexuellen, nehmen in ihrer Kindheit gerne an aggressiven Aktivitäten und Wettkämpfen teil. Viele Homosexuelle haben seit ihrer Kindheit eine Abneigung gegen solche Aktivitäten und versuchen sie zu meiden.

5. Manche heterosexuellen Männer haben das Gefühl, als Kinder anders als ihre gleichgeschlechtlichen Altersgenossen gewesen zu sein; fast alle Homosexuellen haben eine klare Erinnerung an ein frühes Gefühl des »Andersseins«. Dieses Gefühl dient oft zum Schutz vor der tatsächlichen Erinnerung; homosexuelle Männer erinnern sich eher daran, anders gewesen zu sein, als an die konfliktträchtigen gleichgeschlechtlichen Gefühle und Phantasien in ihrer Kindheit (s. Kap. 2.).

6. Die meisten Heterosexuellen empfinden homoerotische Phantasien als etwas Unnatürliches; Homosexuelle jedoch erleben diese Phantasien und Verhaltensweisen als etwas Natürliches und Normales. In bestimmten Lebensabschnitten werden die meisten Homosexuellen den Eindruck haben, daß ihre Sexualität gesellschaftliche Nachteile mit sich bringt, und sie können den Wunsch verspüren, sexuell konventioneller zu sein. Dieser Wunsch, der auf einer realistischen Einschätzung und der Furcht vor gesellschaftlichen Vorurteilen und Diskriminierungen basiert, darf nicht verwechselt werden mit dem Ausdruck einer zugrundeliegenden latenten Heterosexualität oder in diese Richtung fehlinterpretiert werden. Die meisten Homosexuellen erleben heterosexuelle Phantasien als etwas ebenso Fremdes, wie es die homosexuellen Phantasien für Heterosexuelle sind.

7. In jeder neutral, nicht-manipulativ und frei von Zwang durchgeführten Therapie verschwinden die homosexuellen Phantasien von Heterosexuellen oder werden stark abgeschwächt. Bei Homosexuellen verlieren die homosexuellen Phantasien und Verhaltensweisen in einer angemessenen Thera-

pie ihr Konfliktpotential; die sexuellen Wünsche werden intensiver, und sexuelle Nähe zu einem anderen Mann wird eher möglich.

8. Bei heterosexuellen Männern treten homoerotische Phantasien mit großer Wahrscheinlichkeit dann auf, wenn es aufgrund von Aggressionen oder einer Konkurrenzhaltung zu Konflikten sowohl mit dem Therapeuten als auch mit anderen Personen kommt. Bei homosexuellen Männern bleiben die gleichgeschlechtlichen Phantasien während einer frei von Zwang durchgeführten adäquaten Therapie und auch außerhalb der Therapie vergleichsweise stark und konstant. Die Stärke der sexuellen Wünsche und das Wesen der homoerotischen Phantasien können natürlich in Zeiten von Streß und Konflikt variieren. Sie verändern sich auch bei einer verstärkten Übertragung und wenn die Homosexualität des Patienten weniger durch neurotische Konflikte gestört und gehemmt wird.

Für den Kliniker sind diese Kriterien sehr wichtig, um echte Homosexualität von der defensiven Form bei manchen Heterosexuellen zu unterscheiden. Eine Verwechslung dieser beiden Formen kann zu dem nachteiligen Versuch führen, homosexuelle Verhaltensweisen von Homosexuellen zu ändern. Im nächsten Kapitel werde ich dies nochmals ausführlich erläutern.

Bisexualität

Freud war der Ansicht, daß jede Person eine ererbte bisexuelle Disposition habe, und er sah einen Zusammenhang zwischen dieser Bisexualität und der Entwicklung von Homosexualität.[2] Manche Analytiker und Therapeuten halten Bisexuelle für kranke Heterosexuelle, die ihre Homosexualität zur Abwehr angsterregender heterosexueller Impulse verwenden, oder für Homosexuelle, die bei richtiger Behandlung zu eindeutigen Heterosexuellen werden könnten. In der Tat gibt es bisexuell wirkende Männer, die klinisch gesehen den einen oder anderen

Aspekt ihrer grundlegenden sexuellen Orientierung abwehren. Andere Männer jedoch haben unproblematisch in gleich- und gegengeschlechtliche Vorstellungen unterteilte sexuelle Phantasien und können auf lustvolle und befriedigende Weise mit Personen des gleichen wie des anderen Geschlechts Beziehungen haben. Gewöhnlich verlieben sie sich sowohl in Männer als auch in Frauen, aber aus gesellschaftlichen Konventionen heraus wollen die meisten Bisexuellen heiraten oder sind verheiratet. Bisexuelle Männer unterziehen sich gewöhnlich einer Therapie, weil die homosexuelle Komponente ihrer Bisexualität ihnen Angst macht oder gesellschaftliche Schwierigkeiten verursacht.

Für den Therapeuten ist es am wichtigsten, diesen Männern ihre homosexuellen Impulse bewußt und erträglich zu machen. Stark bisexuell orientierte Männer können durch einen traditionellen und neutralen psychotherapeutischen Prozeß, wenn sie es wollen, dazu befähigt werden, ein von ihrer Homosexualität relativ ungestörtes heterosexuelles Leben zu führen. Im Gegensatz zu homosexuellen Männern scheinen sie aus Beziehungen zu Frauen genug emotionale Befriedigung und sexuellen Lustgewinn ziehen zu können, so daß ihre homosexuellen Neigungen nicht zum Ausdruck gebracht werden müssen. Die emotionale und sexuelle Ausgeglichenheit einer Ehe, die die meisten Bisexuellen in unserer Gesellschaft bevorzugen, wird jedoch auf Kompromissen basieren und erfordern, daß der Mann auf die homoerotischen Komponenten seiner Sexualität verzichtet. Manche Bisexuelle führen eine glückliche Ehe, in der die Ehefrau ihren Mann dabei unterstützt und es nicht als unangenehm empfindet, wenn dieser seine Homosexualität in einer Beziehung, in gelegentlichen Affären oder sexuellen Zufallskontakten auslebt. Für viele Bisexuelle war das bis vor einiger Zeit der Idealzustand. Mit der AIDS-Krise hat sich dies jedoch geändert. Ehefrauen, die mit ihren Männern ein aktives Sexualleben haben, sind wahrscheinlich nicht mehr so tolerant, und bisexuelle Ehemänner unterdrücken ebenfalls eher ihre homosexuellen Komponenten. Aber ein bisexueller Mann, der sich für ein ausschließlich heterosexuelles Leben entscheidet, ist nur dann glücklich, wenn er sich seiner homoerotischen Phantasien und Impulse bewußt ist und sie akzeptiert; nur dann können sie im Dienste seiner Heterosexualität und seiner Produktivität stehen.

Dazu ein Fallbeispiel: Gerald ist Anfang dreißig und suchte Hilfe, weil er wegen seiner beruflichen Erfolglosigkeit und, wichtiger noch, wegen seiner sozialen Isolation deprimiert war. Er lebte allein und litt immer wieder an Einsamkeitsgefühlen und Anfällen von Trauer. Er hatte ein Kind, das mit seiner Mutter in einer anderen Stadt lebte; mit dieser Frau hatte er eine Beziehung gehabt, sie jedoch nicht geheiratet. Er traf die beiden aber immer noch und fühlte sich der Frau emotional ziemlich verbunden.

In den letzten zehn Jahren hatte Gerald mehrere Freundinnen gehabt, aber die Beziehungen schliefen wieder ein, weil er sich gelangweilt fühlte und sein sexuelles Interesse verlor. Im gleichen Zeitraum hatte er sexuelle Gelegenheitskontakte zu Männern; gewöhnlich waren sie jünger als er, sahen sehr normal aus, und er »bediente« sie. Meist traf er sie nachts in Parkanlagen oder in öffentlichen Toiletten, gelegentlich auch in den Toiletten der Gebäude, in denen er arbeitete.

Gerald spürt, daß er von Frauen die wichtigste emotionale Befriedigung und Zuneigung bekommt, bber seit vielen Jahren fühlt er, daß seine Langeweile etwas mit seiner Bisexualität zu tun hat. Er würde gerne heiraten, befürchtet aber, daß sich die Ehe aufgrund seiner homoerotischen Interessen bald wieder auflösen würde, wie flüchtig und oberflächlich diese auch immer sein mögen. Er hat mehr oder weniger gleich stark ausgeprägte homo- und heterosexuelle Phantasien, die beide gleich zwanghaft und tendenziell sadomasochistisch sind, wobei er der dominierende Partner ist.

Im Anfangsstadium der Behandlung erwähnte er, er habe seit seiner frühen Jugend bisexuelle Neigungen gespürt, in seiner Jugend jedoch viele Freundinnen gehabt, weil er der konventionellen Sozialisation entsprechen wollte; mit etwa achtzehn Jahren kam es zum ersten Geschlechtsverkehr. Erst einige Jahre später machte er seine erste homosexuelle Erfahrung und hatte drei- bis viermal im Jahr homosexuelle Kontakte, aber aus Angst vor AIDS hatte er die letzten zwei bis drei Jahre auf diese sexuellen Aktivitäten verzichtet.

Er war begierig darauf, die Gründe für seine Schwierigkeiten zu erfahren, eine enge Beziehung mit einer Frau einzugehen; gleichzeitig erkannte er auch sehr klar die homoerotische Seite seiner Sexualität, aber er akzeptierte sie nicht. Obwohl er sich vor ein paar Jahren in einen Mann verliebt hatte, hatte er nicht den Eindruck, daß er in einer Beziehung zu einem Mann das gleiche Maß an Liebe und Zuwendung brauchte wie in einer Beziehung zu einer Frau.

Seine Mutter beschrieb er ebenso wie seinen Vater als recht distanziert und mit anderen Dingen beschäftigt. Er fühlte sich beiden Elternteilen, besonders dem Vater, ziemlich fern. Seine Mutter betrachtete er als die emotional lebendigere der beiden. Er hatte seine jüngeren Geschwister beneidet, denen es anscheinend gelungen war, den größten Teil der Aufmerksamkeit der Eltern zu erlangen. Mit fortschreitender Therapie konnte Gerald einen Teil seiner verdrängten Feindseligkeit gegenüber den Eltern auflösen, indem er sich mit den Gefühlen der unerwiderten Liebe und der Sehnsüchte aus seiner Kindheit arrangierte. Seine Beziehungen zu Frauen verbesserten sich etwas, und er war eher in der Lage, ein Gefühl von Verbundenheit mit seiner jeweiligen Freundin zu empfinden. Aus Angst vor AIDS vermied er den Kontakt zu Homosexuellen, obwohl der Wunsch nach sexuellen Kontakten zu Männern immer wieder auftauchte. Nachdem er seine Homosexualität als essentiellen Aspekt seiner Sexualität akzeptiert hatte, fiel es ihm leichter, sich diese Wünsche zu versagen.

In derartigen Fällen stellt sich immer wieder die Frage, ob die homosexuellen Impulse defensiv verwendet werden; ob der unbewußte Konflikt mit dem Vater also dazu führt, daß man sich in eine als weiblich oder nicht-männlich und nicht-konkurrierend empfundene Position begibt. Bei Gerald beobachtete ich jedoch nicht die gleiche Dynamik, die ich bei den beiden vorher beschriebenen heterosexuellen Männern gefunden hatte. Sowohl seine homo- wie auch seine heterosexuellen Phantasien blieben die ganze Therapie hindurch relativ konstant, und ihre Offenlegung schien nicht von der Übertragung oder von anderen Aspekten seines Innenlebens abhängig zu sein. Interessanterweise schilderte er anfangs sowohl seinen Vater als auch seine Mutter als distanziert und von anderen Dingen in Anspruch genommen. Diese Wahrnehmung war eine Abwehr seiner erotischen Gefühle beiden gegenüber, Gefühle, die durch die Zuwendung der Eltern zu den jüngeren Geschwistern frustriert worden waren. Seine emotionale Distanz war Ausdruck seiner gehässigen und wütenden Weigerung, sich sein Bedürfnis nach beiden Elternteilen oder seine Zuneigung für sie einzugestehen.

Es gibt, meiner Erfahrung nach, relativ selten Männer wie Gerald, deren erotische Phantasien sich aus mehr oder weniger gleich großen homo- und heterosexuellen Anteilen zusammensetzen und die ein Bedürfnis nach emotionaler und erotischer Zuneigung sowohl zu Frauen als auch zu Männern haben. Viele Männer, die bisexuell erscheinen oder so bezeichnet werden, weil sie verheiratet sind, sind eigentlich homosexuell. Homosexuelle Männer sind viel häufiger verheiratet als allgemein angenommen. Martin Weinberg und Colin Williams, die 2437 Homosexuelle in den USA, den Niederlanden und Dänemark befragten, stellten fest, daß 17 % der Befragten einmal verheiratet gewesen waren. Das entspricht auch den Ergebnissen von Marcel Saghir und Eli Robins.[3] Eine weitere Untersuchung von 789 Homosexuellen ergab, daß 10 % verheiratet waren und 5 % es noch sind. In etwa 60 % dieser Fälle war sich die Ehefrau nicht der Homosexualität des Gatten bewußt. In kulturvergleichenden Studien kam es zu ähnlichen Ergebnissen: etwa 15 % der homosexuellen Männer waren einmal verheiratet oder sind es noch immer.[4]

Aus diesen Studien läßt sich nur schwer erkennen, welche der als homosexuell bezeichneten Männer tatsächlich bisexuell sind, da Daten über das Phantasieleben ungleich schwerer zu erhalten sind als über das Verhalten. Aber meine aus therapeutischer Praxis gewonnene, relativ kleine Stichprobe legt nahe, daß die große Mehrheit der verheirateten Männer, die als bisexuell gelten oder sich selbst so begreifen, eigentlich homosexuell ist.

Harold kam im Alter von vierzig Jahren zu mir. Er war seit siebzehn Jahren verheiratet, hatte jedoch mit der Geburt seines Kindes vor fünfzehn Jahren den sexuellen Kontakt zu seiner Ehefrau abgebrochen. Da er zuvor zwei Jahre lang ein recht normales Sexualleben mit seiner Frau gehabt hatte, hielt er sich für bisexuell, aber seine Phantasien waren immer homoerotischer Natur gewesen und waren es noch. Seine Masturbationsphantasien waren homosexuell; meist sah er sich mit einem anderen Mann zusammen gegenseitig masturbieren oder einem Mann körperlich nahekommen. Attraktive Männer auf der Straße erregten ihn. Obwohl ihn diese Phantasien immer angeregt hatten, hatte er ein oder zwei Jahre vor seiner Ehe aufgehört, sexuelle Kontakte mit Männern aufzunehmen. Damals hatte er homosexuelle Erlebnisse als befriedigend empfunden und sich zwei- oder dreimal verliebt, aber er gestand sich nicht zu, diese Beziehungen aufrechtzuerhalten oder zu vertiefen. Im Grunde verabscheute er die Vorstellung, homosexuell zu sein.

Seine Charakterstruktur erlaubte es ihm kaum, einen Lustgewinn aus sexuellen oder beruflichen Aktivitäten zu ziehen. Die einzige Ausnahme war das Masturbieren. Seine Mutter war emotional extrem eingeschränkt und nicht imstande, Harold ein Gefühl seines eigenen Wertes zu vermitteln. Sein Vater bevorzugte einen älteren Bruder und hatte Harold nie das Gefühl gegeben, ein fähiger, wertvoller und liebenswerter Mensch zu sein. Wegen seiner Wut auf beide Eltern und seiner Schuldgefühle über diese Wut war er unfähig, Genuß zu empfinden. Gleichzeitig spürte er die Einschränkung seines Genusses als Bestrafung für seine nicht zu akzeptierende Wut.

Nach langen Jahren der Behandlung verbesserte sich Harolds Beziehung zu seiner Frau erheblich. Er zog sich nicht mehr so viel zurück, wurde liebevoller und fühlte sich selbst liebenswerter. Auch seine beruflichen Erfolge und den Umgang mit seinem Kind konnte er jetzt mehr genießen. Aber er versuchte vergeblich, seine Sexualität lustvoll zu leben, obwohl er einen

Sexualtherapeuten aufsuchte, um auch mit diesem Aspekt seines Lebens besser zurechtzukommen.

Obwohl Harold schließlich die Tatsache, daß er homosexuell und nicht bisexuell war, akzeptierte, zog er es in dem ebenso grotesken wie vergeblichen Bemühen, seinen Eltern zu gefallen, vor, verheiratet zu bleiben und seinen konventionellen Lebensstil und eine gesellschaftliche Fassade des »Perfektseins« aufrechtzuerhalten. Als er sich selbst als Homosexuellen akzeptieren lernte, verschwanden somatische Symptome wie Migräne, hoher Blutdruck und schmerzhafte Krämpfe im Verdauungstrakt, die alle im Zusammenhang mit seinem inneren Konflikt, speziell mit seiner Sexualität gestanden hatten. Aber er verwehrte sich weiterhin den emotionalen und physischen Genuß einer befriedigenden homosexuellen Beziehung oder befriedigender homosexueller Erfahrungen und war nie imstande, seiner Frau von seinen homoerotischen Neigungen zu erzählen.

Homosexuelle Männer haben viele Gründe, zu heiraten, aber der häufigste Grund ist die Verleugnung der homosexuellen Orientierung.[5] Manche Männer mögen glauben, daß ihre Homosexualität nur eine vorübergehende Phase oder Symptom einer psychischen Störung ist und geheilt werden kann. Andere sind nicht in der Lage, ihre lebenslangen homosexuellen Phantasien mit der Tatsache in Verbindung zu bringen, daß sie homosexuell sind, weil sie Homosexualität als etwas sehr Verwerfliches empfinden. Wieder andere Homosexuelle sind sich ihrer Sexualität bewußt, schließen aber eine Ehe, weil sie sich von der Familie oder ihrem Freundeskreis dazu gedrängt fühlen oder aufgrund des hohen Wertes, den die Ehe in unserer Gesellschaft hat.

Einige, wie Harold, heiraten, weil sie für ihre Partnerin tatsächlich Liebe und Zuneigung empfinden, wenngleich sie keine erotische Anziehung verspüren. Dies ist in unserer Gesellschaft oft der Fall, da viele Homosexuelle aufgrund sozialer Vorurteile, des Mangels an Rollenvorbildern und des frühen Traumas der Ablehnung durch Gleichaltrige oder den Vater in ihrer Fähigkeit, andere Männer zu lieben, eingeschränkt sind.

Ich stelle nicht in Abrede, daß homosexuelle Männer heiraten und glückliche Ehen führen können oder daß die Ehe für sie ein gelungener Kompromiß sein kann. Das für Harold erfolgreiche Ergebnis seiner Therapie bestand darin, daß er verheiratet blieb und, obwohl er sexuell eingeschränkt war, relativ glücklich war. Man muß jedoch sehen, daß »es zu einem Desaster kommen kann, wenn ein Homosexueller allein deshalb heiratet, um den anerkannten sozialen Strukturen zu entsprechen, oder in der Hoffnung, sich dadurch zu heilen«.[6]

8. *Psychotherapie mit Homosexuellen*

Wenn ich homosexuelle Männer therapiere, gehe ich dabei von zwei Überzeugungen aus. Erstens können Homosexuelle ein gut angepaßtes und produktives Leben mit stabilen und befriedigenden Liebesbeziehungen führen. Diese Überzeugung basiert auf meinen therapeutischen Erfahrungen und gründlichen persönlichen Beobachtungen.

Viele Leser werden diese Annahme für selbstverständlich halten. Die meisten dynamisch orientierten Therapeuten und Psychoanalytiker behaupten jedoch, daß die frühkindlichen Konflikte, die zur Entstehung der Homosexualität geführt haben, derart gravierende Persönlichkeitsstörungen verursachen, daß es einem Homosexuellen unmöglich sei, stabile Beziehungen einzugehen und ein relativ glückliches Leben zu führen. Diese Therapeuten sind der Ansicht, daß es im ureigenen Interesse des homosexuellen Patienten liege, seine sexuelle Orientierung zu ändern. Angeblich ist ein Homosexueller dann glücklicher, nicht nur weil er weniger Konflikte mit der Gesellschaft auszutragen hat, sondern auch wegen einer besseren Harmonisierung seiner widersprüchlichen intrapsychischen Strukturen, indem er seine frühkindlichen Konflikte verstehen und aufzulösen lernt. Nach einer erfolgreichen Behandlung können die homosexuellen Impulse theoretisch durch ein gestärktes Ich besser sublimiert werden.

Meine zweite Überzeugung basiert auf klinischen Erfahrungen: Die Bemühungen, die sexuelle Orientierung eines Homosexuellen zu ändern, sind für den Patienten schädlich. In der psychoanalytischen Literatur wird oft eine Abwandlung der analytischen Technik empfohlen, um homosexuelle Männer dahingehend zu behandeln, daß sie ihre sexuelle Objektwahl verändern. So stellen z.B. Lawrence Kolb und Adelaide Johnson fest, daß man manchmal auf die analytische Neutralität verzichten sollte, damit der homosexuelle Patient nicht fälschlicherweise die Neutralität mit der Erlaubnis verwechselt, sein homosexuelles Verhalten auszuagieren. Sie empfehlen dem Therapeuten unter bestimmten Umständen, wenn homosexuelles Verhalten nicht verschwindet, die Behandlung abzubrechen.[1] Lionel Ovesey ist der Ansicht, daß man dem Patienten ein Ultimatum stellen sollte, wenn er sich nicht ausreichend um heterosexuelles Verhalten bemüht. »Es gibt nur einen Weg, wie der Homosexuelle seine Phobie überwinden und lernen kann, heterosexuell zu verkehren: er lernt dies nur im Bett mit einer Frau.«[2] Ovesey und auch andere Therapeuten verlangen, daß nur solche Therapeuten die Behandlung homosexueller Patienten aufnehmen sollten, die davon überzeugt sind, daß die sexuelle Orientierung geändert werden kann.[3] Charles Socarides schlägt vor, dem Homosexuellen die Befriedigung zu verderben, indem man die Bedeutung dieses »perversen Aktes« interpretiert, und ihn zu beraten, wie er zu heterosexueller Sexualität finden könne.[4]

Freud war nicht sehr optimistisch, was die Möglichkeiten betrifft, aus einem Homosexuellen einen Heterosexuellen zu machen. In seinem Brief vom 9. April 1935 an eine amerikanische Mutter, die über die Homosexualität ihres Sohnes beunruhigt war, stellte er fest:

»Mit Ihrer Frage, ob ich helfen kann, meinen Sie wohl, ob ich Homosexualität abschaffen kann und normale Heterosexualität an ihre Stelle setzen. Die Antwort ist, allgemein gesagt, daß wir dies nicht versprechen können. In einer gewissen Anzahl von Fällen gelingt es uns, die verkümmerten Keime der heterosexuellen Tendenzen, die ja in allen Homosexuellen vorhanden sind, zu entwickeln, in der Mehrzahl der Fälle ist dies nicht mehr möglich...

Was eine Analyse für Ihren Sohn erreichen kann, ist eine andere Frage. Wenn er unglücklich ist, neurotisch, von Zweifeln zerrissen, gehemmt in seinen persönlichen Beziehungen, dann mag eine Analyse ihm Harmonie, Seelenfrieden und volle Leistungsfähigkeit bringen, unabhängig davon, ob er homosexuell bleibt oder sich ändert.«[5]

An anderer Stelle äußert er sich weniger zweideutig über die Möglichkeiten einer Veränderung und meint: »Im allgemeinen ist das Unternehmen, einen vollentwickelten Homosexuellen in einen Heterosexuellen zu verwandeln, nicht aussichtsreicher als das umgekehrte, nur daß man dies letztere aus guten praktischen Gründen niemals versucht.«[6]

Durch bestimmte Therapieformen kann homosexuelles Verhalten unterschiedlich lange eingeschränkt werden, und manche Homosexuelle, die ausreichend motiviert sind, sich zur Heterosexualität zu »bekehren«, können mehr oder weniger lange ein heterosexuelles Verhalten zeigen. Tatsächlich schwanken die Behauptungen, bei einem hochmotivierten Probandenkreis von männlichen und weiblichen Homosexuellen eine Verhaltensänderung erreicht zu haben, je nach Therapiemethode zwischen 20 % und 50 %.[7] Dabei wird durch positive und/oder negative Verstärkungen eine Verhaltensänderung hervorgerufen; bei einer »neutralen« analytischen Therapie werden die Übertragungsmechanismen genutzt. Die Wirksamkeit aller dieser Behandlungsmethoden hängt davon ab, daß es gelingt, Homosexualität als weniger wünschenswert erscheinen zu lassen als Heterosexualität, oder daß »die Befriedigung verdorben« wird. Dabei kommt es beim Patienten schließlich zur Untergrabung des Selbstwertgefühls, indem ihm der Eindruck vermittelt wird, seine sexuelle Orientierung sei für den Therapeuten nicht annehmbar, solange er auf seiner Homosexualität bestehe.

Kinsey und seine Mitarbeiter suchten über lange Jahre hinweg Patienten, die in einer Therapie ihre sexuelle Orientierung geändert hatten, und waren erstaunt, keinen einzigen zu finden, bei dem dies gelungen war. Als sie Personen befragten, die behaupteten, sie seien früher Homosexuelle gewesen, würden sich jetzt aber ausschließlich heterosexuell betätigen, fanden sie heraus, daß alle diese Männer nur ihr homosexuelles Verhalten unterdrückten, nach wie vor ein aktives homosexuelles Phantasieleben hatten und diese Phantasien dazu verwendeten, beim Koitus eine Erektion beizubehalten. Ein Mann erklärte, obwohl er früher aktiv homosexuell gewesen sei, habe er nun »all das völlig aufgegeben und denke nicht einmal mehr an Männer – außer beim Masturbieren«.[8]

Irving Bieber und andere untersuchten 106 homosexuelle Männer und behaupteten, daß 19 % der Probanden, die vorher ausschließlich homosexuell gewesen waren, in einer psychoanalytischen Behandlung heterosexuell geworden seien.[9] Wardell Pomeroy, ein Co-Autor der Kinsey-Reports, machte das Angebot, die Kinsey-Fragebogen jedem angeblich geheilten Patienten vorzulegen. Daraufhin gestand Bieber Pomeroy, er habe nur einen geeigneten Fall, aber er verstünde sich mit dem Patienten so schlecht, daß er ihn nicht kontaktieren könne.[10]

Meine klinischen Nachfolgeuntersuchungen von vielen Homosexuellen, die von anderen Therapeuten behandelt worden waren, zeigten mir, daß die Versuche, die homosexuelle Orientierung in eine heterosexuelle zu verwandeln, ernste Störungen im emotionalen und sozialen Bereich zur Folge haben können. Ich will dies anhand von drei Patienten illustrieren, die ich in einer langen psychoanalytischen Therapie zehn bis fünfzehn Jahre nach Beendigung einer Analyse, in der eine solche Veränderung angestrebt worden war, behandelte. In der vorangegangenen Therapie war das sexuelle Verhalten zeitweise geändert worden. Jeder Patient behielt jedoch seine homosexuelle Orientierung bei, was sich in der Vorherrschaft des homoerotischen Phantasielebens zeigte, das durch die Behandlung nicht verändert worden war. Jeder dieser Männer hatte nun zusätzliche Probleme im sozialen und persönlichen Bereich, weil er eine Familie gegründet hatte.

Als Milton mich aufsuchte, war er 47 Jahre alt und Vater von zwei jungen Mädchen. Er hatte mit Ende Zwanzig geheiratet, kurz nach Beendigung einer fünfjährigen Analyse. Vor der Analyse war er aktiv homosexuell gewesen und hatte auch eine Beziehung zu einem jungen Mann gehabt, die – wie er mir erzählte

– die einzige leidenschaftliche Beziehung seines Lebens gewesen war. Vor seiner Analyse hatte ihm Sex mit Frauen nie Spaß gemacht; während der Analyse »lernte« er es, diesen Sex zu genießen. Obwohl ihm Sex mit Männern nicht ausdrücklich untersagt worden war, verbot ihm sein Analytiker doch seine Liebesbeziehung und »verschrieb« ihm Sex mit Frauen. Seit seiner Eheschließung hatte er keine homosexuellen Kontakte mehr gehabt. Milton suchte meine therapeutische Hilfe, weil er unter anhaltenden Depressionen litt, keine Lebenslust mehr verspürte, ein geringes Selbstwertgefühl hatte, in seiner Arbeit apathisch war und an seiner Frau, zu der er den sexuellen Kontakt bei der Geburt des letzten Kindes vor fünfzehn Jahren abgebrochen hatte, keinerlei sexuelles Interesse mehr hatte. Er hatte ausschließlich homosexuelle Phantasien, auch beim Masturbieren. Er sehnte sich nach der Liebesbeziehung aus seiner Jugendzeit.

Milton war ein guter Vater und Ehemann. Seine Frau wußte nichts von seiner homosexuellen Vergangenheit. Er bedauerte die Änderung seines Sexualverhaltens nicht, obwohl er das Gefühl hatte, daß in seinem Leben etwas fehle: er nannte es eine »Leidenschaft«. Obwohl er nicht mehr aktiv homosexuell war, betrachtete ich ihn doch als Homosexuellen, da er immer noch ein aktives homosexuelles Phantasieleben hatte und sich nach der Liebe anderer Männer sehnte.

Dieser Mann ließ seinem Ärger gegen seinen früheren Analytiker ziemlich freien Lauf, weil dieser ihn »manipuliert« hatte. Er litt darunter, daß er seine Liebesbeziehung, die er oft erwähnte, aufgegeben hatte. In den drei Jahren der Therapie bei mir verringerten sich seine Depressionen allmählich, nachdem er seine homosexuellen Wünsche besser tolerieren konnte und imstande war, sich selbst als Homosexuellen zu sehen. Er nahm sein homosexuelles Leben nie mehr auf, weil er fühlte, daß dies seine Ehe scheitern lassen würde, und er sublimierte viele seiner homosexuellen Wünsche in erfolgreichen kreativen Unternehmen und in der Liebe zu seinen Kindern und seinen Freunden.

Milton hatte seine vorangegangene Analyse immer für erfolgreich gehalten. Er hatte eine Frau und Kinder, die ihm sehr viel

Freude bereiteten. Er mochte die Konventionalität, sein relativ streßarmes Leben und seine beruflichen Erfolge. In unserer gemeinsamen Arbeit wurde jedoch klar, daß die Verleugnung, Verdrängung und nicht-analysierte Fügsamkeit, die er aufbringen mußte, um sein homosexuelles Verhalten erfolgreich aufzugeben, seine Lebenslust und Arbeitsfähigkeit beeinträchtigt hatten. Zudem war die Tatsache, daß sein vorheriger Analytiker die Übertragungsmechanismen und Abwehrhandlungen nicht analysiert hatte, zum Teil für die Depression, deretwegen er nun weitere Hilfe gesucht hatte, verantwortlich.

Die Frage, ob er glücklicher gewesen wäre, wenn er seine Homosexualität ausgelebt hätte, ist im nachhinein nicht zu klären. Aber dies genauer zu erforschen war weder ihm noch seinem Analytiker aufgrund der »Gesundheitsvorstellungen«, die dieser hatte, möglich. In meiner Arbeit mit diesem Mann wurde mir klar, daß die auf die Beendigung der ersten Analyse folgende Depression größtenteils auf einer Beeinträchtigung seines geringen Selbstwertgefühls und seines negativen Selbstbildes beruhte, was durch die negative Art, in der der Therapeut die Homosexualität seines Patienten wahrnahm und interpretierte, noch verstärkt worden war. Diese Symptome schwächten sich in der folgenden Therapie stark ab, als er – ermutigt durch eine akzeptierende, neutrale therapeutische Haltung – seine homosexuellen Gefühle besser tolerieren konnte.

Ein anderer Patient, Larry, hatte bereits eine fünfjährige Therapie hinter sich. Während dieser Zeit hatte er geheiratet und sich auch wieder von seiner Ehefrau getrennt. Er erinnerte sich, daß er seit seiner frühen Jugend homosexuell empfunden und seither auch homosexuelle Begegnungen gehabt hatte. Er begann mit etwa zwanzig Jahren eine Behandlung, weil er mehrere unglückliche Beziehungen zu Männern gehabt hatte und sich depressiv und ambivalent gegenüber seiner Homosexualität fühlte. Während der Analyse lernte er seine Frau kennen; sie war auch die erste Frau, mit der er sexuellen Kontakt hatte. Obwohl dies nicht »großartig« war, fand er es doch befriedigend genug und gab seine homosexuellen Aktivitäten zeitweilig völlig auf.

In der Folge jedoch langweilte ihn seine Arbeit zunehmend, und er wurde depressiv, streitsüchtig und apathisch. Er nahm seine homosexuellen Aktivitäten gelegentlich und heimlich wieder auf, und die Beziehung zu seiner Frau verschlechterte sich zusehends, bis sie sich schließlich trennten. Zu dieser Zeit hörte er mit seiner Analyse auf – angeblich aus dem Gefühl heraus, sein Analytiker sei zu wenig einfühlsam und rigide; mit dreißig Jahren suchte er nochmals therapeutische Hilfe, weil er aufgrund seines geringen Selbstwertgefühls weiterhin Depressionen hatte.

Zu Beginn der Therapie hatte Larry kein Interesse an Frauen und auch nicht viel Interesse an Sex mit anderen Männern, obwohl er seine Homosexualität gleich eingestand. Er wollte eine feste Beziehung; sein vorheriger Analytiker hatte ihn in dem Glauben bestärkt, daß dies nur in einer konventionellen Ehe möglich sei. Dieser Analytiker hatte die gleichen technischen Modifikationen vorgenommen wie Miltons Analytiker. Er hatte homosexuelles Verhalten infrage gestellt, ohne es tatsächlich zu verbieten, und heterosexuelle Verabredungen oder Begegnungen gefördert. In den drei Jahren der Therapie bei mir trauerte Larry über den Verlust seiner Frau und die Wahrscheinlichkeit, daß er niemals Kinder haben würde, und er begann homosexuelle Kontakte aufzunehmen. Er ging sogar eine Beziehung ein. In beiden Fällen war das homoerotische Verhalten der Männer behindert durch den vorherigen Analytiker, der das seiner Meinung nach akzeptablere heterosexuelle Verhalten gefördert und eine vermutlich unbewußt ablehnende Haltung eingenommen hatte, die das homosexuelle Verhalten des Mannes negativ verstärkte. So hatte der vorherige Analytiker z. B. festgestellt, daß homosexuelle Beziehungen wahrscheinlich nur von kurzer Dauer seien, und damit den Eindruck, daß heterosexuelle Beziehungen an sich besser und stabiler seien, verstärkt! Darüber hinaus hatten beide Analytiker die ambivalenten Gefühle ihrer Patienten, die diese wegen ihrer von der Norm abweichenden Sexualität und des aus der gesellschaftlichen Ablehnung resultierenden Schmerzes hatten, dazu benutzt, die Patienten in ihrer Vorstellung zu bestärken, daß Homosexualität das Ergebnis von

Kindheitskonflikten sei, und sie dabei zu unterstützen, sich zu verändern. Beide Analytiker schienen nicht zu erkennen, daß die Bereitschaft des Patienten, sich den Versuchen einer Änderung seiner Sexualität zu fügen, in der Übertragung eine Manifestation des Wunsches war, dem Vater zu gefallen und von ihm geliebt zu werden. Vielmehr benutzten die Analytiker das Bedürfnis ihrer Patienten, geliebt zu werden, dazu, sie bei der Unterdrükkung ihrer Homosexualität zu unterstützen.

Ein weiterer Patient war von einem Analytiker behandelt worden, dessen Methoden frei von Zwang, Vorurteilen und Manipulationen zu sein schienen. Die analytische Technik wurde nicht abgewandelt, und es gab keine groben Verletzungen dessen, was man allgemein unter analytischer Neutralität versteht. In der nachfolgenden langen Analyse, die ich vornahm, kam ich jedoch zu der Ansicht, daß die sozialen Normen des ersten Analytikers die Behandlung des Patienten in der Tat signifikant, wenn auch subtil beeinflußt hatten; der Analytiker war nicht imstande gewesen, dem Patienten dabei behilflich zu sein, mit seiner Homosexualität ins reine zu kommen und sie zu akzeptieren.

Thomas begann seine erste Analyse mit Anfang Zwanzig, weil ihm seine homosexuellen Phantasien Probleme machten und er einfach kein Interesse an Frauen hatte. Schon vor der Pubertät hatte er homosexuelle Masturbationsphantasien und Tagträume gehabt, ohne daß es tatsächlich zu homosexuellen Begegnungen gekommen wäre, abgesehen von äußerst seltenen jugendlichen Sexspielen, die klinisch gesehen belanglos waren. Während der ganzen Analyse wurden seine homosexuellen Phantasien als Abwehr gegen das Annehmen aggressiver männlicher Rollen einschließlich des heterosexuellen Geschlechtsverkehrs interpretiert (s. Kap. 7.). Der Analytiker pflegte die homosexuellen Phantasien und Wünsche von Thomas stets als dessen angebliche Homosexualität zu bezeichnen. Dadurch wurde ihm implizit zu verstehen gegeben, daß er eigentlich nicht homosexuell sei und das, was ihm als Homosexualität erschien und was er als solche fürchtete, analysiert werden könne und schließlich verschwinden würde. Seine homosexuellen Phantasien ließen nicht nach, aber er versuchte, mit Frauen sexuell zu verkehren, um seinem Analytiker zu gefallen. Kurz nach Beendigung der Analyse und immer noch unter dem Einfluß der Übertragung heiratete er. Aber sein sexuelles Interesse an seiner Frau verschwand sehr schnell, und nach wenigen Jahren nahm er homosexuelle Kontakte auf. Als Thomas mit Ende Dreißig zu mir kam, war er depressiv, verstört, verzweifelt und verwirrt. Er »wanderte zwischen zwei Welten« und dachte an Selbstmord als einzigen Ausweg aus seiner Situation. Zu Beginn meiner Analyse mit Thomas war klar, daß er in der Schilderung seines vorherigen Analytikers als ablehnend, nachlässig und lieblos nur frühere Erfahrungen mit seinem Vater wiederholte. Aber die Wahrnehmung, daß sein früherer Analytiker seine Homosexualität nicht toleriert hatte, schien zuzutreffen. Dessen Unfähigkeit, ihn bei der Entdeckung und Integration seiner homosexuellen Identität zu unterstützen, trug zu seinen späteren Depressionen und zu seinem Gefühl bei, sich in einer hoffnungslosen Situation zu befinden.

In seiner Therapie bei mir entschloß sich Thomas, seine Frau über seine Homosexualität zu informieren. Ihre Fürsorge und ihr Verständnis füreinander ermöglichte ihnen schließlich eine Ehe, in der beide außereheliche Beziehungen unterhalten konnten. Vier Jahre nach Beendigung der Therapie sah ich Thomas kürzlich wieder. Seine unkonventionelle Ehe war immer noch intakt, und er hatte eine monogame und emotional befriedigende Beziehung zu einem Geliebten, den er sehr mochte und regelmäßig traf.

Jeder dieser Analytiker hatte versucht, mit Hilfe des Übertragungswunsches nach Liebe die sexuelle Orientierung seines Patienten zu ändern. Dies machte es jedem dieser Männer unmöglich, die sich in der Übertragung ausdrückenden Konflikte zu verstehen. Da der erste Patient immer ein gutes Kind sein wollte, hatte er sich dem Drängen seines Analytikers gefügt und heterosexuell zu werden versucht. Sein Bruder hatte immer aktiv rebelliert, während Milton sich durchsetzte, indem er fügsam und »nett« war. Der zweite Mann kam in seine spätere Therapie mit einer enormen nicht-analysierten Wut, die mit früheren narzißtischen Verletzungen zu tun hatte. Durch seine Versuche, dem Analytiker zu gefallen und heterosexuell zu werden, hatte Larry gehofft, eine langgesuchte und schwer faßbare Liebe zu gewinnen. Als Kind hatte er sich nie verstanden noch erwünscht gefühlt, denn er war der Ersatz für einen im Krieg gefallenen Bruder gewesen und hatte gespürt, daß er behandelt wurde, als sei er dieser ältere Bruder. Er fühlte, daß sein Analytiker ihn genauso behandelt hatte wie seine Eltern, als sei er jemand anderer als er selbst, nämlich sein »normaler« Bruder. Er merkte, daß sein Analytiker ihm nicht genug Einfühlung entgegenbrachte, und hielt sich wieder einmal für unerwünscht. Thomas, der letzte Patient, hatte als Kind rebelliert, weil seine Sehnsucht nach Liebe von seinem Vater nie erfüllt worden war. In seiner Passivität und Fügsamkeit während der ersten Analyse drückte sich eine tiefe Sehnsucht nach der Liebe seiner Eltern aus. Indem er durch seine Bemühungen, heterosexuell zu sein, seinem Analytiker zu gefallen suchte, hoffte er diese unerreichbare Liebe zu erringen.

In allen diesen vorangegangenen Therapien waren das Verstehen und Erforschen des Konfliktes dadurch eingeschränkt worden, daß man versucht hatte, die Übertragungswünsche der Patienten zur Änderung der sexuellen Orientierung zu verwenden. Außerdem hatte die Eheschließung der Patienten die darauffolgende analytische Untersuchung erschwert. Weil Milton und Thomas verheiratet blieben, stand für sie zu viel auf dem Spiel, um ihre Homosexualität zu integrieren und voll zu ihr zu stehen; deshalb war es für mich viel schwieriger, sie und ihre Konflikte zu verstehen. Es geht mir hier nicht um die Frage, ob Ehe und Kinder für diese beiden Homosexuellen lohnende Kompromisse waren oder ob sie es für andere Homosexuelle sind, oder ob Homosexuelle überhaupt glücklich verheiratet sein können. Ich möchte nur klarstellen, daß ihre soziale Situation und Faktoren wie Verleugnung, Verdrängung, Reaktionsbildung und Fügsamkeit, die alle dazu beitrugen, daß sie heirateten und verheiratet blieben, die darauffolgende Therapie erschwerten.

Zwei weitere Fälle von Homosexuellen, die nach Abbruch oder Abschluß einer vorangegangenen Therapie zu mir kamen, veranschaulichen das Ausmaß von Depression, das von Therapeuten verursacht werden kann, die ihren Patienten keine positive Einstellung zu ihrer Homosexualität vermitteln können.

Carl habe ich bereits an anderer Stelle erwähnt. Ihm wurde eine Weiterbehandlung nahegelegt, nachdem er einen anderen Psychotherapeuten, einen erfahrenen und angesehenen Analytiker, verlassen hatte. Er klagte über eine hochgradige Unfähigkeit, eine befriedigende und dauerhafte Beziehung einzugehen, über schlechte Leistungen auf dem College und über den Mangel an Zielen in seinem Leben. Er beklagte sich auch über seine Homosexualität. Seine Eltern wünschten sich einen normalen Sohn. Seine Mutter wollte unbedingt Enkelkinder, und er wollte ihr gefallen. Er war mit Mädchen befreundet gewesen und hatte auch einmal mit einem Mädchen geschlafen; aber seine Sexualphantasien handelten seit seinem achten oder neunten Lebensjahr beinahe ausschließlich von Jungen. Er genoß die Freundschaften mit Mädchen, hatte aber überhaupt kein sexuelles Interesse an ihnen. Weil er sehr einsam war, wollte er sich in jemanden verlieben können und einen festen Freund haben, aber sobald jemand ihn mochte, fand er ihn unattraktiv und verlor das Interesse.

Carl beendete die Behandlung bei dem vorherigen Therapeuten, den er dreimal wöchentlich aufgesucht hatte, aus dem Gefühl heraus, daß dieser ihn nicht mochte. Obwohl ihm seine Homosexualität nie explizit untersagt worden war, hörte es sein Analytiker nicht gerne, wenn er erwähnte, daß er in einem Schwulenbuchladen gewesen war oder homosexuelle Kontakte gehabt hatte. Wenn er eine Verabredung mit einem anderen Jungen erwähnte, fragte ihn sein Therapeut, warum er nicht ähnliche Energien für ein Mädchen, das er kennengelernt hatte und offensichtlich mochte, aufbrachte. Die Interventionen des Therapeuten führten nur dazu, daß sich sein Bedürfnis nach kurzen sexuellen Begegnungen erhöhte, und schließlich hatte er den Eindruck, daß dessen Ablehnung seiner Homosexualität eine zusätzliche Motivation für diese Begegnungen wurde. Sein Gefühl, daß der Therapeut sein Verhalten verurteilte und ihn nicht mochte, wurde als Projektion analysiert. Carl fühlte sich zunehmend depressiv, besiegt und selbstkritisch.

Einige meiner Kollegen werden einwenden, daß frühere oder gegenwärtige Übertragungen Carls Schilderungen seiner zurückliegenden therapeutischen Erfahrungen verzerrt haben können. Seine Erzählungen klangen jedoch aufrichtig und realitätsnah und wirkten anders als die Schilderungen vieler anderer Homosexueller. Deshalb bin ich äußerst skeptisch gegenüber der Ansicht, daß diese Berichte meiner Patienten über frühere therapeutische Erfahrungen hauptsächlich auf verzerrten Erinnerungen beruhen. Es wurde klar, daß Carls Ängste vor einer erotischen Bindung an seinen Vater, der Wunsch, seiner Mutter zu gefallen, und die Verinnerlichung feindseliger sozialer Normen eine Übertragungsbereitschaft hervorgerufen hatten. Darauf hatte sein vorhergehender Therapeut reagiert, indem er Carls Wunsch, »normal« zu sein, einfach übernahm, statt die diesem Wunsch zugrundeliegenden Konflikte zu verstehen.

Jeder Homosexuelle kommt in einer intensiven Psychotherapie an den Punkt, wo er mit seiner Homosexualität unzufrieden oder darüber unglücklich ist. Jeder Homosexuelle durchläuft eine Sozialisation, in der er die gesellschaftliche Feindseligkeit, die ihm entgegengebracht wird, verinnerlicht. Carls Verzweiflung über seine Homosexualität war ein Ausdruck dieser Homophobie. Indem sein früherer Therapeut auf Carls Selbsthaß stieß, wurde er zu einem weiteren Vertreter der verinnerlichten Werte einer feindseligen und kritischen Gesellschaft. Carl nahm zu Recht wahr, daß sein Therapeut voreingenommen war, aber seine Identifikation mit den Vorurteilen dieser Person, der er vertraute, verstärkte sein negatives Selbstbild weiter und förderte seine Bereitschaft zu kurzen sexuellen Begegnungen, wofür er sich selbst noch mehr haßte und wodurch seine Depressionen weiter verstärkt wurden.

Ein weiterer junger Mann, den ich ebenfalls an anderer Stelle schon erwähnte, unterschied sich von Carl in vieler Hinsicht, vor allem im Ausmaß seines Masochismus und in der Art, in der er damit umging, um Abscheu, Ablehnung und Angriffe hervorzurufen. Benjamin hatte sich seit seiner frühen Kindheit als Homosexueller gefühlt und seit seiner frühen Jugend aktive homosexuelle Kontakte gehabt. Er hatte keinerlei heterosexuelle Erfahrung und nicht das geringste sexuelle Interesse an Frauen. Als er mich aufsuchte, beschrieb er seine sexuellen Begegnungen als finster und meinte, er schäme sich für seine Homosexualität und ekele sich davor. Des öfteren vertraute er mir seine Überzeugung an, er wäre wohl glücklicher, wenn er seine Homosexualität aufgeben würde. Sein früherer Therapeut hatte ihm zu verstehen gegeben, daß seine unbewußte Homophobie und sein Masochismus etwas mit seiner Homosexualität zu tun hätten und sie verschwinden würden, wenn er die Gründe für seine sexuelle Orientierung verstünde und diese schließlich ändern würde. Obwohl Benjamin ambivalente Gefühle gegenüber seiner Homosexualität hatte, spürte er doch, daß sie ein fester Bestandteil seines Selbst war und daß seine sexuellen Gefühle seine einzig bedeutsame Verbindung zu anderen Menschen waren. Die Richtung seiner vorherigen Therapie verursachte bei ihm nur noch mehr Verzweiflung, Desillusionierung, Einsamkeit, Depression und Wut.

Ein Therapeut muß positive Anerkennung und Verstärkung zeigen, wenn eine Atmosphäre der Sicherheit geschaffen werden soll, in der der Patient die negativen Selbstbilder, die er durch seine Kindheitserfahrungen und Beziehungen erworben hat, projizieren, beobachten, verstehen und auflösen kann. Ein Therapeut, der seinen Patienten nicht als Homosexuellen annehmen kann, wird die frühen Vorstellungen verstärken, die sich in der selbsterniedrigenden, paranoiden, masochistischen oder sadistischen Haltung des Patienten widerspiegeln, die jetzt seinen Fähigkeiten, positive Beziehungen und Erlebnisse zu erfahren, im Wege steht.

Einige Autoren nannten diese bei der Behandlung von Homosexuellen vorgeschlagene therapeutische Haltung »positiv schwul«, andere nannten sie »affirmativ schwul«.[11] Diese Begriffe sind vor allem dann hilfreich, wenn man damit betonen will, daß die traditionellen therapeutischen Vorgehensweisen »negativ schwul« sind. Natürlich muß in einer Therapie vorrangig die Person des Patienten gestärkt werden; dies gilt nicht nur für homosexuelle Patienten. Bei ihrer Behandlung gibt es jedoch einige besondere Aspekte: z. B. die aus der häufigen väterlichen Ablehnung oder der gesellschaftlichen Diskriminierung und Stigmatisierung entstandenen Verletzungen; die verinnerlichte Homophobie; das Coming Out. Therapeuten müssen diese Aspekte und ihre Bedeutung kennen, um mit Homosexuellen effektiv arbeiten zu können. Aber die Psychotherapie mit Homosexuellen erfordert keineswegs eine technische Abweichung vom üblichen therapeutischen Bündnis und dem positiven Bezug.

Ich stelle hier fest, daß der Therapeut unbedingt eine den Patienten nicht kritisierende, sondern ihn annehmende Haltung einnehmen muß, bei der es auf seine Fürsorge, Betreuung und Achtung gegenüber dem Patienten ankommt.[12] Damit will ich keineswegs die Bedeutung des Hinterfragens, des Aufdeckens und der üblichen interpretativen Tätigkeiten einer jeden analytisch oder dynamisch orientierten Psychotherapie schmälern oder eine bedingungslose Akzeptanz sämlicher Ansichten und Werte des Patienten fordern. Ich versuche vielmehr zu beweisen, daß eine Haltung der positiven Achtung den Patienten in der Therapie dazu befähigt, negative Übertragungsverzerrungen sowohl aus der Vergangenheit wie auch der Gegenwart zum Ausdruck zu bringen und zu analysieren. Der therapeutische Wert liegt darin, daß eben in der Interaktion mit dem Therapeuten jeder Patient sich ein neues positiveres und mehr akzeptierendes Bild seines Selbst aneignen sollte.[13] Der folgende Fall zeigt, wie es in einer Therapie, in welcher der Patient mit der erforderlichen Achtung für sich und seine Sexualität behandelt wird, zu so einer Veränderung kommen kann.

Edward suchte therapeutische Hilfe wegen einer schon länger anhaltenden milden Depression. Er war damals 24 Jahre alt, hatte gerade ein Universitätsstudium hinter sich und war nun auf der Graduate School. Er war besorgt über seine unbefriedigenden Beziehungen und über das, was er als Unfähigkeit schilderte, sich einem anderen Mann verbunden zu fühlen. Seine frühesten Sexualphantasien kreisten um ältere Jungen, wie er zu Anfang der Behandlung berichtete. Er hatte kaum ein erotisches Interesse an Frauen und überhaupt keine heterosexuellen Erfahrungen. Sein erstes sexuelles Erlebnis hatte er mit einem zehn Jahre älteren Mann gehabt, als er fünfzehn Jahre alt war. Er fühlte sich immer eher zu älteren Männern hingezogen, denen er sich unterwerfen, von denen er sich aber auch beschützt fühlen konnte. Edward hatte nie eine befriedigende Liebesbeziehung gehabt und sehnte sich sehr danach. Obwohl er kein Interesse an anonymen sexuellen Kontakten hatte, ließ er sich doch auf solche ein oder zwei Nächte dauernden Begegnungen ein, fühlte sich danach aber immer unbefriedigt. Sein Bedürfnis nach Erniedrigung und seine passiven sexuellen Wünsche verursachten ihm ein Gefühl der Entwürdigung (s. Kap. 4). Obwohl er häufige Komplimente wegen seines guten Aussehens erhielt, hielt er sich für unattraktiv und unerwünscht.

Die Therapiesitzungen fanden zweimal pro Woche statt. Dabei stellte sich heraus, daß Edwards Bedürfnis, sich von und in seinem sexuellen Verhalten erniedrigt zu fühlen, in Zusammenhang mit Schuldgefühlen über seine Wut stand, die er gewohnheitsmäßig gegen sich richtete. Diese Wut hatte viele Ursachen, so auch die Tatsache, daß sein Vater sich von ihm abgewandt hatte, weil er als Kind ungewöhnlich sensibel und einzelgängerisch gewesen war und sich nicht für aggressive Sportarten interessiert hatte. Später interpretierte er diese Ablehnung als ein Zeichen dafür, daß sein Vater ihn wegen seiner Homosexualität verachtete. Auch seine Mutter hatte sich, als er noch klein war, in Zeiten depressiver Krisen von ihm abgewandt, was ebenfalls zu seiner Erniedrigung, dem Gefühl der Zurückweisung und seiner Wut beitrug. In den drei Jahren der Therapie wurde Edward der Ursprung seiner Wut verständlich, und er konnte sie sich dadurch besser eingestehen und sie ausdrücken, ohne sich selbst bestrafen zu müssen.

Am wichtigsten war es jedoch, daß ich ihn als Homosexuellen akzeptierte. Dadurch wurde eine Atmosphäre geschaffen, in der Edward ohne Angst vor einer Ablehnung auf mich projizieren konnte und allmählich seine eigene homophobische Einstellung erkennen lernte. Als er sich mit seinem Selbsthaß auseinandersetzte – was auch Aspekte seiner konfliktgeladenen passiven analen Wünsche betraf –, wuchsen seine Selbstsicherheit und sein Gefühl der eigenen Attraktivität. Er konnte seine Beziehungen und sexuellen Kontakte zu anderen Männern mehr genießen, nachdem er sich von den Problemen, die er mit seiner Sexualität und vor allem mit der Nähe zu anderen Männern hatte, befreit hatte. Letzteres stand in Zusammenhang mit seinen ambivalenten Sehnsüchten nach seinem ablehnenden Vater. Als Edward seinen Haß auf seinen Vater, seine erotischen Sehnsüchte nach ihm und den Haß seines Vaters nochmals durchlebte, konnte er immer darauf zurückgreifen, daß ich ihn unmißverständlich und eindeutig als Homosexuellen akzeptierte. Die Therapie dauerte fünf Jahre. In dieser Zeit hatte Edward zwei Beziehungen gehabt, in denen er sich geliebt gefühlt hatte und Liebe geben konnte. Er konnte seine Sexualität genießen, die im großen und ganzen frei von den alten Gefühlen der Erniedrigung war. Wir hatten beide das Gefühl, daß er jetzt in der Lage war, die Nähe, die er wollte und brauchte, auch zu bekommen.[14]

Auf die Bedeutung des Coming Out für die gesunde Entwicklung von homosexuellen Jugendlichen und jungen Erwachsenen habe ich bereits hingewiesen (Kap. 4). Jede erfolgreiche Therapie mit Homosexuellen kommt an einen Punkt, wo die Frage der homosexuellen Identität behandelt und wo untersucht wird, wie frühkindliche Konflikte und solche, die durch die Verinnerlichung von homophobischen gesellschaftlichen Einstellungen entstehen, die Bildung einer positiven homosexuellen Identität behindern können. Harold, der bereits im letzten Kapitel vorgestellt worden ist, kam nur bis zu dem Punkt, daß er sich zwar seiner Homosexualität bewußt wurde und sie akzeptierte, sich aber nicht anderen gegenüber offenbarte. Aber auch dieser Teilerfolg trug dazu bei, daß er sich weniger depressiv und zurückgezogen fühlte, es ihm allgemein besser ging und seine somatischen Symptome nachließen. Der folgende kurze Therapiebericht eines weiteren jungen Mannes soll nochmals verdeutlichen, wie die Aufarbeitung verinnerlichter sozialer Vorurteile dem Patienten zu einer gesunderen Identität als Homosexueller verhelfen kann und die Symptome verringert werden können.[15]

Gregory suchte mich auf, als er 23 Jahre alt war (s. Kap. 3). Er war depressiv und ängstlich; er berichtete, daß er heiraten wolle, aber keine Beziehung zu einer Frau aufbauen könne. Eine vorangegangene Therapie, von der er seiner Ansicht nach profitiert hatte, hatte ihm nicht zu dem gewünschten Ziel verholfen, sich selbst »weniger homosexuell« zu fühlen. Er hielt sich für homosexuell, aber er war in einer katholischen Familie in dem Glauben aufgewachsen, daß Homosexualität eine Sünde sei. Außerdem wollte er unbedingt heiraten können, weil er sich seiner Familie sehr verbunden fühlte und Angst vor Ablehnung hatte.

Obwohl sein sexuelles Phantasieleben seit seiner späten Kindheit fast ausschließlich homoerotisch geprägt gewesen war, hatte er sowohl homo- wie auch heterosexuelle Begegnungen gehabt. Er hatte nie eine gefestigte homosexuelle Beziehung gehabt, auch wenn es im College zu ein paar Affären gekommen war, die einige Monate gedauert hatten. Seither war es zu vielen Gelegenheitskontakten gekommen, obwohl homosexuelle Begegnungen in seiner Jugend nicht gehäuft aufgetreten waren. Er hatte sich auch oft mit Frauen verabredet, vor allem um seiner Mutter einen Gefallen zu tun. Seine Frauen-Beziehungen waren weniger zwanghaft, weil er für Frauen nicht die gleiche Leidenschaft verspürte wie für Männer.

In der Therapie entdeckte Gregory, daß er fürchtete, seine Eltern würden ihn aufgrund seiner Homosexualität ablehnen, und daß seine eigene Homophobie eine Verlagerung von Kindheitsgefühlen der Ablehnung seitens seiner Eltern war, die beide depressiv und mit sich selbst beschäftigt gewesen waren. Mit der Zeit konnte er seine Sexualität zunehmend besser annehmen und sie allmählich auch anderen Homosexuellen und auch guten heterosexuellen Freunden eingestehen. Seine Depressionen ließen nach, und er verliebte sich und ging eine feste und leidenschaftliche Beziehung zu einem anderen Mann ein. Danach wurde er in seiner Arbeit produktiver, fühlte sich offener und mit sich selbst mehr in Übereinstimmung. Sein Bedürfnis, heterosexuell zu sein, war verschwunden. Als die Therapie nach fünf Jahren zu Ende ging, hatte er die letzten zwei Jahre davon schon mit seinem Freund zusammengelebt.

Ohne psychotherapeutische Intervention hätten die gesellschaftlichen Zwänge, die Gregory verspürte, sicher dazu geführt, daß er geheiratet hätte. Natürlich ist es immer schwierig, den Verlauf einer Ehe vorherzusehen, aber alle Anzeichen sprechen dafür, daß seine Homosexualität zu häufigen homosexuellen Begegnungen geführt hätte und zu Beziehungen, die die meisten Ehen nicht verkraften können.

Wahrscheinlich wäre es nicht zu den von mir beschriebenen Ergebnissen gekommen, wenn der Therapeut die traditionelle Ansicht gehabt hätte, daß eine normale Entwicklung nur in der Heterosexualität enden kann. Diese theoretische Position wird notwendigerweise dazu führen, daß ihre Anhänger eine ambivalente oder bestenfalls zwiespältige Wahrnehmung der Sexualität eines Homosexuellen haben. Ein solcher Therapeut oder Analytiker, so scheint mir, kann unmöglich neutral sein, selbst wenn er eine seiner Ansicht nach neutrale therapeutische Technik praktiziert, weil er negative gesellschaftliche Wertvorstellungen verinnerlicht hat, die andere intrapsychische Kräfte, z. B. ein inhärentes homoerotisches Begehren, ausschließen oder nicht gelten lassen können. Im Tonfall der Kommentare und in der Richtung der Fragen wird unweigerlich ein subtiles Mißfallen zum Ausdruck kommen, das zu dem negativen Selbstbild des homosexuellen Patienten beiträgt.

Homosexuellen Männern, die psychotherapeutische Hilfe suchen, möchte ich raten, einen Therapeuten auszuwählen, der sie für fähig hält, als Homosexuelle befriedigende und liebevolle Beziehungen einzugehen, wenn sie ihre eigene Homophobie und andere Aspekte ihrer Entwicklung, die zu ihrem geringen Selbstwertgefühl beigetragen haben, verstehen und entwirren lernen.

In seiner therapeutischen Arbeit mit einem homosexuellen Mann muß der Therapeut sich von der Überzeugung leiten lassen, daß die Homosexualität für seinen Patienten normal und natürlich ist. Diese Haltung kann nur dann überzeugend vertreten werden, wenn die theoretische Position eingenommen werden kann, daß für manche Männer die Homosexualität der normale Endpunkt ihrer Entwicklung ist.

Am ehesten werden heute wohl Therapeuten zu dieser Einstellung neigen, die selbst homosexuell sind, obwohl es keine Garantie dafür gibt, daß ein homosexueller Therapeut nicht auch durch frühe eigene Konflikte und eine verinnerlichte Homophobie belastet ist. Manche homosexuellen Therapeuten sind selbst nur unzureichend therapiert worden, weil ihre Therapeuten sie offensichtlich nicht als Homosexuelle achten konnten. Dies ist ein Teufelskreis, der sich immer weiter fortsetzt. So kann es passieren, daß sie ihre eigene Homophobie nicht verstehen können und die ihrer Patienten demgemäß auch nicht.

Indem ich die Probleme herausstelle, die Analytiker oder Psychotherapeuten bei der Behandlung homosexueller Patienten haben können, und auf die Vorsicht hinweise, die ein Patient bei der Auswahl seines Therapeuten walten lassen sollte, möchte ich nicht unterstellen, daß die Psychoanalyse oder eine analytisch orientierte Psychotherapie nicht hilfreich sein können. Ich habe ganz im Gegenteil den Eindruck, daß homosexuellen Patienten damit genauso geholfen werden kann wie heterosexuellen und daß das gleiche Spektrum an Problemen und psychologischen Störungen damit behandelt werden kann. Aber leider sind die Psychoanalyse und die analytisch orientierte Therapie so von Wertvorstellungen belastet, daß das tatsächliche Potential einer Behandlung von Homosexuellen kaum ermessen werden kann. Eine Gesundheitsethik ist mit moralischen Werten verwechselt worden, was Daten verfälscht und ein Verständnis der vielen Formen, in denen Homo- wie Heterosexualität sich ausdrücken kann – manche dieser Formen sind gesund, andere eher nicht –, behindert hat.

Die wichtigste Aufgabe für jeden Therapeuten besteht darin,

seinem Patienten so gut es geht dabei zu helfen, daß dieser sich so weit wie möglich von Konflikten befreien kann, die seine Fähigkeiten, ein möglichst glückliches und zufriedenes Leben zu führen, beeinträchtigen. Bei allen hetero- wie homosexuellen Patienten muß der Therapeut sein Bestes tun, um die Last des Triebverzichts, den die Gesellschaft fordert, zu verringern und seinen Patienten bei der Lösung der Konflikte zu unterstützen, die ihn daran hindern, einen möglichst befriedigenden Ausdruck seiner Sexualität zu finden.

9. *Homosexuelle Männer und die Gesellschaft*

Die westliche Kultur hat männliche und weibliche Eigenschaften und Rollen stark voneinander abgegrenzt. Traditionell männliche Eigenschaften werden für wichtiger gehalten als die entsprechenden weiblichen. Diese mit Wertvorstellungen beladenen dichotomen Rollen wurzeln in dem aggressiv auf Wettbewerb ausgerichteten Wesen unserer gesellschaftlichen Struktur. Gute Unternehmer zeichnen sich durch eine energisch-aggressive Grundhaltung aus, und gesellschaftlich werden solche Eigenschaften höher bewertet als ein liebevolles Wesen, Sensibilität, Großzügigkeit und Fürsorge, alles eher weibliche Tugenden. Wenn ein Mann sein aggressives Wesen auslebt, schätzen wir seine Individualität, aber wir neigen dazu, sie zu verachten, wenn er die Aspekte seines Wesens auslebt, die nicht als konventionell maskulin gelten.

Wie wir gesehen haben, wurzelt die Homophobie in dem Haß darauf, was bei Männern als weiblich wahrgenommen und bezeichnet wird. In Gesellschaften, in denen Frauen unterdrückt, gefürchtet oder diskriminiert werden, weil Männer sich von ihnen angesteckt oder verunreinigt fühlen, verachtet man »feminine« Eigenschaften bei Männern. »Es gibt aber auch die gegenteilige Einstellung. Wo Frauen von Männern geschätzt werden, gilt es nicht als schlecht, wenn ein Mann andere, eher weibliche Eigenschaften zeigt. Androgynität wird nicht unterdrückt, wie dies in hypermaskulinen Gesellschaften der Fall ist, sondern positiv bewertet.«[1]

Jungen mit künstlerischer Begabung und Interessen, die vielleicht nicht wettbewerbsorientiert oder aggressiv, sondern sensibel und aufmerksam gegenüber den Bedürfnissen anderer sind, die »hübsche« Kleidung und Gegenstände mögen, werden wahrscheinlich gegenüber anderen Jungen als weiblicher wahrgenommen. Ihre Väter wenden sich vielleicht von ihnen ab und anderen männlichen Geschwistern zu; wahrscheinlich wird man sie als »verweichlicht« bezeichnen. Manche, die in ihrer Jugend aufgrund verschiedener Umstände nicht ausreichend maskulin sozialisiert worden sind, können zu Erwachsenen heranwachsen, die sich selbst und anderen gegenüber die ihnen zugeschriebene Rolle karikieren. In den meisten Fällen verachten Homosexuelle nicht ihre sexuelle Orientierung, sondern das, was sie als Kinder als ihr »Anderssein« wahrzunehmen lernten und was erst andere und dann sie selbst als »feminin« bezeichneten.

Die Gesellschaft stellt nach wie vor nicht ausreichend sicher, daß die dichotome Rollenverteilung und die Abwertung von Frauen nicht zur Verletzung von Bürgerrechten und Rechten der Frauen führen. Nur sehr langsam verändert sich unsere Gesellschaft dahingehend, daß Sensibilität, Mitleid, Fürsorge und Liebe genauso hoch bewertet werden wie Aggressivität, Wettbewerbsbereitschaft und Produktivität. Erst eine derartige grundlegende Änderung könnte viele Jungen, die sich in diesen Aspekten von der Mehrzahl unterscheiden, in dem Gefühl aufwachsen lassen, daß auch sie geschätzt werden und als wertvoll gelten. Und heterosexuelle Männer würden in der Lage sein, Männer, die andere Männer lieben, trotzdem als Männer zu sehen.

Ich habe auf die wichtige Rolle des Vaters hingewiesen, zu dem es bei der Entwicklung homosexueller Männer eine ungewöhnliche und starke erotische Bindung gibt. Darüber hinaus habe ich zu zeigen versucht, daß die väterliche Ablehnung des homosexuellen Sohnes, weil dieser anders ist oder aus der Angst des Vaters heraus, die Fähigkeit des Sohnes beeinträchtigt, im späteren Leben liebevolle Beziehungen einzugehen. Auch das Wesen dieser späteren Beziehungen ist davon beeinflußt. Argwohn, ein Zögern, dauerhafte Bindungen einzugehen, weil man Angst vor Ablehnung hat, und eine Neigung zu Beziehungen, die auf einem Bedürfnis nach Vergeltung basieren, sind einige der möglichen schädlichen Auswirkungen der frühen väterlichen Ablehnung von homosexuellen Söhnen.

Würden die Väter ihre homosexuellen Söhne akzeptieren und lieben, hätten diese Kinder ein Vorbild für männliche Liebe und Fürsorge, das in unserer Gesellschaft traditionellerweise nicht verfügbar ist. Väter, die die Entwicklung ihrer homosexuellen Söhne fördern, sie ihrer Wertschätzung versichern, indem sie ihnen Zeit und Aufmerksamkeit widmen, und die Interessen ihrer Kinder dadurch unterstützen, daß sie nicht abweisend und wertend sind, werden ihren Söhnen dazu verhelfen, als homosexuelle Erwachsene zu liebevollen, sexuell befriedigenden und dauerhaften Beziehungen fähig zu sein.

Mütter, die ihre Ehemänner herabsetzen, werden dadurch wahrscheinlich ihre Söhne dazu bringen, sich selbst und andere Männer abschätzig zu betrachten. Obwohl solche Mütter nicht die Homosexualität ihrer Söhne verursachen, gibt es doch genügend klinische Belege dafür, daß es homo- wie auch heterosexuellen Kindern erschwert wird, die Aspekte schätzen zu lernen, in denen sie ihren Vätern, die sie lieben, ähneln. Auf das homosexuelle Kind, daß eine außerordentlich starke erotische Bindung zu seinem Vater hat, kann dies außerordentlich tiefe Auswirkungen haben. Die stärksten Auswirkungen zeigen sich jedoch im späteren Leben, wenn der Homosexuelle nach Partnern sucht, mit denen er sein Leben teilen will. Dann kann es dazu kommen, daß er alle Männer, sich selbst eingeschlossen, so sieht, wie er gelernt hat, seinen verleumdeten Vater zu sehen, nämlich nur voll Verachtung.

Eine Mutter, die ihren Sohn nicht loslassen kann, muß nicht unbedingt den Vater schlecht machen, aber der Sohn kann sich sehr stark mit den narzißtischen Bedürfnissen seiner Mutter identifizieren und ohne Gespür für sich selbst und seine Wünsche, Bedürfnisse und Ambitionen heranwachsen. »Was geschieht«, fragt Alice Miller, »wenn die Mutter nicht nur nicht imstande ist, die narzißtischen Funktionen für das Kind zu übernehmen, sondern selbst narzißtisch bedürftig ist, was sehr häufig vorkommt?«[2]

Homo- wie heterosexuelle Söhne solcher Mütter werden sich zu Erwachsenen entwickeln, deren Ambitionen so eng mit denen ihrer Mütter identifiziert sind und deren Leben so eng mit dem ihrer Mütter verbunden ist, daß sie sich völlig wertlos fühlen, außer es gelingt ihnen, ihren Müttern zu gefallen. Diese Männer neigen dazu, keinen eigenen emotionalen Mittelpunkt zu haben. Gewöhnlich sind sie voller Wut, fühlen sich von ihren Müttern unterjocht und entwickeln oft masochistische Tendenzen, weil sie diese Wut nicht aushalten können. Als Erwachsene sind sie auf einer ständigen Suche nach ihrem wahren Selbst und haben, weil sie von dieser Suche so eingenommen sind, Schwierigkeiten, dauerhafte Beziehungen einzugehen.

Kinsey und seine Mitarbeiter, alle sehr gut geschulte Beobachter, versuchten zu erraten, welche ihrer erwachsenen Versuchspersonen früher homosexuelles Verhalten gezeigt hatten, bevor sie diese danach fragten. Bei den Männern lagen sie nur in 15 % der Fälle richtig, bei den Frauen in 5 %.[3] Bei unserem derzeitigen Wissenstand ist es so gut wie unmöglich, kleine Jungen zu beobachten und zu bestimmen, welche von ihnen homosexuell sind. Die meisten lassen sich anfänglich nicht von ihren Altersgenossen unterscheiden, abgesehen von der Beschaffenheit ihrer Sexualphantasien. Erst später werden manche Kinder Eigenschaften wie Sensibilität und Aggressionslosigkeit entwickeln, die sie von Gleichaltrigen unterscheiden. Ein paar werden »geschlechtsuntypisch« sein und offen weibliche Verhaltensweisen zeigen.

Wenn es die Möglichkeit gäbe, solche Kinder früh genug zu identifizieren, könnte man Eltern und Familienangehörige so beraten, daß Ablehnung und Verletzung des Selbstwertes auf ein Minimum reduziert oder gänzlich vermieden werden könnten. Man könnte den Vätern homosexueller Söhne z. B. nahelegen, sich nicht zurückzuziehen, sondern die Interessen ihrer Söhne zu fördern und gemeinsame Aktivitäten zu entwickeln. Wo erforderlich oder angemessen, könnten Mütter beraten werden, ihre Söhne zu ermutigen, mehr Zeit mit ihren Vätern zu verbringen. Wenn dem Kind das Gefühl vermittelt wird, daß seine gleichgeschlechtliche Objektwahl ein normaler Aspekt seiner Entwicklung ist, wird es in dem Gefühl heranwachsen, daß es trotz seines »Andersseins« und der es umgebenden Bigotterie sich selbst und andere lieben kann. Es wird erwarten, daß geliebt zu werden das natürliche Ergebnis dessen ist, daß man ein liebenswerter und guter Mensch ist. Die Kinder, die gelernt haben, sich selbst als Homosexuelle zu lieben und zu respektieren, werden auch das nötige Selbstwertgefühl haben, um andere zu lieben und zu respektieren. Diese in der Kindheit mit der Elternliebe beginnende nährende Sicherheit ist die Grundlage für ein gesundes Selbstwertgefühl und für die Sicherheit, die erforderlich ist, um mit den Vorurteilen und Ungerechtigkeiten der Gesellschaft umgehen zu können.

In New York wurde das Hetrick-Martin-Institut gegründet, um auf die Bedürfnisse homosexueller Jugendlicher und ihrer Familienangehörigen eingehen zu können. Dessen unorthodoxes Vorgehen zeigt erste Erfolge in den Bemühungen, den durch gesellschaftliche, soziale und kognitive Isolation bei homosexuellen Jugendlichen und jungen Erwachsenen angerichteten Schaden auf ein Minimum zu reduzieren. Das Zentrum berät und informiert die Eltern und, wenn nötig, auch die Jugendlichen selbst. Es bietet homosexuellen Jugendlichen Kontaktmöglichkeiten in einer unterstützenden Umgebung, die darauf ausgerichtet ist, den negativen Selbstbildern durch angemessene Rollenvorbilder und Aufklärung entgegenzuwirken. Ähnliche im ganzen Land verbreitete Programme könnten homosexuelle Jugendliche bei entwicklungsbedingten Problemen unterstützen, wo diese Hilfe benötigen.[4] Ohne eine frühe Intervention werden die meisten homosexuellen Männer weiterhin von den zerstörerischen Einflüssen gesellschaftlicher Vorurteile, die die Einstellung von Eltern, Gleichaltrigen und Nahestehenden prägen, betroffen sein.

Unsere Gesetze tragen derzeit noch dazu bei, daß feste Beziehungen zwischen Männern erschwert und flüchtige sexuelle Kontakte, die im Verborgenen stattfinden, gefördert werden. Einige amerikanische Staaten erkennen das Recht von Individuen auf private, auf Übereinstimmung beruhenden sexuellen Beziehungen zwischen Erwachsenen nicht an. Alle amerikanischen Bundesstaaten verwehren erwachsenen Homosexuellen eine Legalisierung ihrer Beziehungen und machen es homosexuellen Männern in einer Liebesbeziehung schwer, diese dadurch zu bereichern, daß Kinder adoptiert werden können. Michel Foucault hat es so formuliert: »In den westlichen christlichen Kulturen war Homosexualität verboten, deswegen mußte alles auf den eigentlichen Sexualakt konzentriert werden. Die Kultur verwehrte den Homosexuellen die Herausbildung eines Systems des Umeinanderwerbens. Der Wink auf der Straße, die sekundenschnelle Entscheidung zum Geschlechtsakt, die Geschwindigkeit, mit der homosexuelle Beziehungen vollzogen werden, all dies ist das Produkt einer Entmündigung.«[5]

Unsere Gesellschaft hält es nicht für wünschenswert, homosexuelle Männer in festen, verantwortungsvollen und gegenseitig befriedigenden Beziehungen zu sehen. Solche Beziehungen sind nach wie vor eine zu große Bedrohung für das Verständnis von Männlichkeit, das Männer in den meisten Teilen der westlichen Kultur haben. Wenn der Zeitpunkt kommt, da solche Beziehungen zwischen homosexuellen Männern gefördert werden, wenn homosexuelle Männer wie auch Frauen nicht mehr so viel Zeit und Energie darauf verschwenden müssen, sich zu verstekken und zu tarnen oder geheime Wege zu finden, um ihre Liebe und Sexualität auszudrücken, dann wird eine kreative Energie freigesetzt werden, von der die gesamte Gesellschaft profitieren wird.

Homosexuelle Männer müssen enorm viel daransetzen, um in einer sie und ihre Sexualität ablehnenden Gesellschaft ein Gefühl von Würde und Selbstwert aufrechtzuerhalten. Unsere Gesellschaft wird jedoch noch mehr Anstrengungen daransetzen müssen, das Selbstwertgefühl und die emotionale Gesundheit und das Wohlergehen homosexueller Männer zu fördern, indem alle Arten von Liebesbeziehungen sanktioniert werden.

Anmerkungen

Einführung

1 Sigmund Freud, »Letter to an American Mother« (Original in Englisch) vom 9. April 1935, in S. Freud, Briefe 1873–1939, S. Fischer, Frankfurt 1960, S. 495.

2 Freud, zit. in *Die Zeit*, Wien, 27. Okt. 1903, S. 5. (vgl. Judd Marmor, *Homosexual Behavior*, New York: Basic Books, S. 401). Dieses Interview bringt Freuds libertäre Einstellung klar zum Ausdruck. Weniger bekannt ist die Tatsache, daß er 1930 einen Appell an den Strafrechtsausschuß des österreichischen Nationalrats unterzeichnete, in dem gefordert wurde, den Teil des Strafgesetzes aufzuheben, der seit 1871 homosexuelle Beziehungen kriminalisierte. Dieser Appell wurde in der Übersetzung von Herbert Spiers und Michael Lynch nachgedruckt in »The Gay Rights Freud«, *Body Politic* 33 (1977): 8–18. Den Appell unterzeichneten des weiteren Arthur Schnitzler, Stefan Zweig, Franz Werfel, Jakob Wassermann, Dr. Hermann Eckel (Präsident der Österreichischen Anwaltsvereinigung), Prof. Hermann Swoboda und Prof. Moritz Schlick. Die Petition lautete in Auszügen:
»Am tiefsten zu beklagen ist die Meinungsverschiedenheit hinsichtlich der Strafbarkeit der *homosexuellen Beziehungen zwischen erwachsenen Männern bei gegenseitigem Einverständnis*. ... Zu allen Zeiten und bei allen Völkern kommt die Homosexualität vor. ... Diesen (den homosexuellen Männern, d. Ü.) ist die homosexuelle Einstellung ebenso immanent wie den Heterosexuellen die ihrige. ... Der Strafprozeß stellt eine äußerste *Verletzung der Menschenrechte* dar, weil er den Homosexuellen verwehrt, über ihre Sexualität zu verfügen, trotzdem keinerlei Rechtsgut verletzt wird. ... Die homosexuellen Männer haben wie alle andern die *staatsbürgerlichen Pflichten* zu erfüllen. Im Namen der Gerechtigkeit ist zu fordern, daß ihnen die Gesetzgeber durch die Aufhebung des betreffenden Paragraphen die *gleichen staatsbürgerlichen Rechte* gewähren. Wenn man den Homosexuellen ein menschenwürdiges Dasein verbürgt, so werden sie auch

in ihrem Leben Verantwortlichkeit und Menschenwürde zum Ausdruck bringen.« (Anm. d. Ü.: Das Freud-Zitat wurde aus dem Amerikanischen übersetzt, da *Die Zeit* an dem angegebenen Datum nicht erschienen und das Original nicht aufzufinden ist. Der hier in Auszügen zitierte Appell ist abgedruckt in *Arbeiter-Zeitung*, Wien, v. 16. 5. 1930.)

3 Irving Bieber et al., *Homosexuality*, New York: Basic Books, 1962.

4 *The New York Times*, 17. Dez. 1963, S. 33. Der Analytiker Edmund Bergler ließ ebenfalls anklingen, daß er die Beibehaltung einer gesetzlichen Einschränkung der Homosexualität befürworten würde, da er sich dadurch eine Unterstützung der heterosexuellen Anpassung erhoffe (*Homosexuality: Disease or Way of Life?* New York: Hill and Wang, 1957, S. 302): »Bisher wurde Homosexualität mit guten Absichten und vernünftigen moralischen Argumenten wie mit ebenso notwendigen legalen Beschränkungen bekämpft. Keine dieser Methoden war effektiv. Moralische Argumente sind eine reine Verschwendung, denn Homosexuelle befriedigen gerade dadurch ihre neurotischen Pseudoaggressionen, indem sie die Konventionen verspotten. Eine drohende Gefängnisstrafe ist ebenso vergeblich. Der dem Homosexuellen eigene Größenwahn erlaubt es ihm, sich selbst als Ausnahme zu fühlen...«

5 Anna Freud, »Acting Out«, *International Journal of Psycho-Analysis* 49 (1968): 165–170.

6 Sigmund Freud (1927), »Abriß der Psychoanalyse/Das Unbehagen in der Kultur«, Frankfurt/M.: Fischer TB, 1972, S. 63–129.

7 Eine ausgezeichnete Kritik an der psychoanalytischen Theorie der männlichen Homosexualität lieferte Robert Friedman, »The Psychoanalytic Model of Male Homosexuality: A Historical and Theoretical Critique«, *The Psychoanalytic Review* 73 (1986), 4: 483–519.

8 Freud (1905), »Drei Abhandlungen zur Sexualtheorie«, Frankfurt/M.: Fischer TB, 1961, S. 18.

9 Diesen Brief entdeckte Dr. Hendrick Ruitenbeck. Er befindet sich in der Rare Books and Manuscript Library der Columbia Universität.

10 Russell Jacoby, Die Verdrängung der Psychoanalyse, Frankfurt/M., Fischer, 1985, S. 149–196.

11 Clarence P. Oberndorf, der 1923 Präsident der American Psychoanalytic Association war, schrieb 1953, die Psychoanalyse sei zwar »anerkannt und respektiert«, aber auch »behäbig und selbstgefällig« geworden. Seit sie den medizinischen Fakultäten eingegliedert worden sei, sei sie vornehmlich für diejenigen »attraktiv« geworden, die »Sicherheit in Wohlverhalten und Anpassung finden«. Jacoby, a.a.O., S. 11.

12 Die erste Diskussionsrunde zur Homosexualität fand auf einer Sit-

zung der American Psychoanalytic Association im Dezember 1953 statt. Der Kalte Krieg und die McCarthy-Ermittlungen gegen Homosexuelle und Kommunisten in den amerikanischen Regierungsstellen waren auf ihrem Höhepunkt. Die Vorträge bei dieser Sitzung standen unter dem Thema: »Perversion: Theoretical and Therapeutical Aspects« und wurden veröffentlicht in *The Journal of the American Psychoanalytic Association* 2 (1954): 336–345.

13 Abgesehen von meiner eigenen Arbeit findet sich das Werk von Fritz Morgenthaler, »Homosexualität, Heterosexualität, Perversion«, Frankfurt/M., Fischer TB, 1987, als große Ausnahme innerhalb der traditionellen Psychoanalyse, die Homosexualität als das Ergebnis von Entwicklungsstörungen sieht. Siehe auch Stanley Leavy, »Male Homosexuality Reconsidered«, *International Journal of Psychoanalytic Psychotherapy* 11 (1985 : 155–174.

14 Der Begriff »homosexuell« tauchte zum ersten Mal im 19. Jahrhundert in der medizinischen Literatur auf. Der provencalische Begriff »gai« entstand wahrscheinlich etwa 600 Jahre früher. Siehe John Boswell, *Christianity, Social Tolerance and Homosexuality*, Chicago: University of Chicago Press, 1980, S. 43.

15 Siehe Alan Bell und Martin Weinberg, *Homosexualities: A Study of Diversity among Men and Women*, New York: Simon and Schuster, 1978, S. 195–216 (deutsch: Der Kinsey-Institut-Report über weibliche und männliche Homosexualität, München: Bertelsmann, 1978).

1. Kapitel

1 Mir erschien dieses Definition am nützlichsten, um die sexuelle Orientierung einzuschätzen, meine Beobachtungen zu ordnen und mit Homosexuellen klinisch zu arbeiten. Sie zeigt meine Überzeugung, daß die Sexualität eine inhärente »wesentliche« Qualität aller Menschen ist. Man kann einwenden, daß diese Definition die verschiedenen Formen der Homosexualität nicht berücksichtigt, so geschehen z. B. bei Bell und Weinberg, op. cit. In diesem Buch möchte ich zeigen, daß Homo- wie auch Heterosexualität auf verschiedene Arten zum Ausdruck kommen kann; ich beschreibe das Verhalten verschiedener Homosexueller sowohl im Hinblick auf die entwicklungsmäßigen Erfordernisse wie auch auf die Auswirkungen der gesellschaftlichen Vorurteile. Aber meine klinische Tätigkeit wie auch andere Untersuchungen legen nahe, daß die Homosexualität an sich schon in der frühesten Kindheit vorhanden ist.

Andere mögen das Gefühl haben, daß meine Definition die Komplexität der sexuellen Orientierung nicht zeigt, so z. B. Eli Coleman,

»Assessment of Sexual Orientation«, *Journal of Homosexuality* 14 (1987), 1/2:9–24; und John De Cesso und Michael Shively, »From Sexual Identity to Sexual Relationships: A Contextual Shift«, *Journal of Homosexuality* 9 (1983/84), 2/3:1–26. Ich bin der Meinung, daß diese Autoren nicht die Dimensionen der sexuellen Orientierung, sondern der sexuellen Identität erarbeiten, und diese beiden Konzepte muß man trennen.

2 Alfred Kinsey et al., *Sexual Behavior in the Human Male*, Philadelphia: W.B. Sanders Company, 1948. (deutsch: Das sexuelle Verhalten des Mannes, Frankfurt/M.: Fischer, 1955).

3 Evelyn Hooker, »The Adjustment of the Male Overt Homosexual«, *Journal of Projective Techniques* 21 (1957):18.

4 Siehe den Aufsatz von Bernard Riess, »Psychological Tests in Homosexuality«, in Judd Marmor, *Homosexual Behavior*, New York: Basic Books, 1980, S. 296–311.

5 Marmor, »Homosexuality and Sexual Orientation Disturbance«, in Alfred Freedman, Harold Kaplan und Benjamin Sadock, eds., *Comprehensive Textbook of Psychiatry*/II, Baltimore: Williams & Wilkins, 1975, S. 1511.

6 Clellan Ford und Frank Beach, *Patterns of Sexual Behavior*, New York: Harper and Brothers, 1951, S. 143.

6 Wolfenden Report (1957). Great Britain Committee on Homosexual Offenses and Prostitution. Authorized American Edition, New York: Stein and Day, 1963.

8 American Psychiatric Association, DSM-III: *Diagnostic and Statistical Manual of Mental Disorders*, 3rd ed., Washington, D. C., 1980.
Die einzig verbliebene Kategorie der »ego-dystonischen Homosexualität«, d.h. Homosexualität, die »unerwünscht und quälend« ist, wurde als diagnostische Einheit aus dem kürzlich überarbeiteten DSM-III-R, 1987, entfernt. Zur Diskussion der Geschichte der Homosexualität in der amerikanischen Psychiatrie siehe Bayer, *Homosexuality and American Psychiatry*, op. cit.

9 Siehe z.B. Sandor Rado, »An Adaptational View of Sexual Behavior«, in Paul Hoch und Joseph Zubin, eds., *Development in Health and Disease*, New York: Grune & Stratton, 1949; Charles Socarides, *The Overt Homosexual*, New York: Grune & Stratton, 1968, (deutsch: Der offen Homosexuelle, Frankfurt/M., Suhrkamp, 1971), und *Homosexuality*, New York: Jason Aronson, 1978.

10 Bieber, op. cit., S. 85–117.

11 Freud erwähnt eine Reihe früher Umweltfaktoren im Leben von Homosexuellen, die zu ihrer »Flucht vor Frauen« beitragen könnten, um gleichgeschlechtliche Liebesobjekte zu finden. In »Über einige neurotische Mechanismen bei Eifersucht, Paranoia und Homosexua-

lität« (1922) schrieb er von der Fixierung des Sohnes auf seine Mutter, die ihn dazu zwingen würde, daß er »nach Liebesobjekten ausschaut, die er dann lieben möchte, wie die Mutter ihn geliebt hat«. Gesammelte Werke, Bd. 13, Frankfurt/M.: Fischer, 1967, S. 204. An verschiedenen Stellen beschrieb er nicht nur die Mutterbindung, sondern auch Narzißmus, Kastrationsangst, die Eifersucht auf ältere Brüder und die Abwesenheit eines starken Vaters als »akzidentielle« oder umweltbedingte Bestimmungsfaktoren für eine homosexuelle Objektwahl. Bei vielen Homosexuellen hatte Freud den Eindruck, daß die Identifikation mit der Mutter ein wesentlicher Bestimmungsfaktor sei. (»Massenpsychologie und Ich-Analyse« [1921], Gesammelte Werke, Bd. 13, Frankfurt/M., Fischer, 1967, S. 119): »Der junge Mann ist ungewöhnlich lange und intensiv im Sinne des Ödipuskomplexes an seine Mutter fixiert gewesen. Endlich kommt doch nach vollendeter Pubertät die Zeit, die Mutter gegen ein anderes Sexualobjekt zu vertauschen. Da geschieht eine plötzliche Wendung; der Jüngling verläßt nicht seine Mutter, sondern identifiziert sich mit ihr, er wandelt sich in sie um und sucht jetzt nach Objekten, die ihm sein Ich ersetzen können, die er so lieben und pflegen kann, wie er es von der Mutter erfahren hatte.«

Und 1923 (»Das Ich und das Es«, Gesammelte Werke, Bd. 13, Frankfurt/M., Fischer, 1967, S. 261): »Der Ausgang der Ödipussituation in Vater- oder in Mutteridentifizierung scheint also bei beiden Geschlechtern von der relativen Stärke der beiden Geschlechtsanlagen abzuhängen ... Dieses Eingreifen der Bisexualität macht es so schwer, die Verhältnisse der primitiven Objektwahlen und Identifizierungen zu durchschauen, und noch schwieriger, sie faßlich zu beschreiben.«

12 Rado, »A Critical Examination of the Theory of Bisexuality«, *Psychosomatic Medicine* 2 (1940): 459–467.

13 Rado, »A Critical Examination of the Concept of Bisexuality«, in Marmor, ed., *Sexual Inversion*, New York: Basic Books, 1965, S. 186.

14 Als Überblick über die psychoanalytischen Konzepte zum Ursprung der Homosexualität siehe Bieber, op. cit., S. 13–18; George Wiedeman, »Homosexuality, A Survey«, *Journal of the American Psychoanalytic Association* 22 (1974) 3: 651–696; Robert Friedman, op. cit.; und Bayer, op. cit., S. 21–42.

Einige Analytiker beschrieben alle Homosexuellen als »Psychopathen« wegen der früh erlittenen Verletzungen des Über-Ichs, die dieses defizient machten oder es schädigten; z. B. Bergler, op. cit., S. 49; Panel (1954), op. cit. Andere Analytiker verglichen das Ich des Homosexuellen mit dem des Schizophrenen, z. B. Panel (1954), S. 336 und Panel, »Theoretical and Clinical Aspects of Overt Male Homosexuality«, *Journal of the American Psychoanalytic Association* 8 (1960) 3:552–566; Robert Bak, »Object-Relationships in Schizophrenia and Perversion«, *International Journal of Psycho-Analysis* 52 (1971):235–242. Ein Analytiker stellte kürzlich fest: »Nur in sehr seltenen Fällen finden sich Homosexuelle ohne signifikante Charakterpathologie.« (Otto Kernberg, »A Conceptual Model of Perversion«, in Gerald Fogel, Frederick Lane und Robert Liebert, eds., *The Psychology of Men: New Psychoanalytic Perspectives*, New York: Basic Books, 1986, S. 175).

15 Edward Wilson, *Sociobiology: The New Synthesis*, Cambridge Harvard University Press, 1975, S. 343–344. Siehe auch Wilson, *On Human Nature*, Cambridge: Harvard University Press, 1978.

16 Wilson (1978), S. 143. Wilson definiert Altruismus als »Verstärken der Kraft bei jemand anderem auf Kosten der eigenen Kraft« (1975, S. 117). Kinderlose Homosexuelle können sowohl in finanzieller Hinsicht als auch auf persönliche Weise für Verwandte, z. B. Nichten und Neffen, sorgen, wodurch sie theoretisch eine Familie haben können, und sind auf diese Weise »altruistisch«. Durch die Unterstützung von Verwandten, meint Wilson, leisten Homosexuelle einen größeren Beitrag für die nachfolgende Generation, als wenn sie selbst Kinder hätten.

17 Zur Kritik der soziobiologischen Erklärung der Homosexualität siehe Douglas Futuyma und Stephen Risch, »Sexual Orientation, Sociobiology and Evolution«, *Journal of Homosexuality* 9 (1983/84), 2/3:157–168.

18 Siehe Ralph Greenson, »Dis-identifying from Mother«, *International Journal of Psycho-Analysis* 49 (1968):370–374; und Robert Stoller, »Boyhood Gender Aberrations: Treatment Issues«, *Journal of the American Psychoanalytic Association* 26 (1978), 3:541–558.

19 Richard Green, *The ›Sissy Boy Syndrome‹ and the Development of Homosexuality*, New Haven: Yale University Press, 1987

20 Siehe Bernard Zuger, »Early Effeminate Behavior in Boys«, *Journal of Nervous and Mental Diseases* 172 (1984):90–97. Andere Untersuchungen weisen darauf hin, daß Homosexuelle, die sich nicht in therapeutischer Behandlung befanden, in ihrer Kindheit rauhe Spiele vermieden haben; z. B. Marcel Saghir und Eli Robins, *Male and Female Homosexuality: A Comprehensive Investigation*, Baltimore: Williams and Wilkins, 1973, und auch Richard Friedman und Lenore Stern, »Juvenile Agressivity and Sissiness in Homosexual and Heterosexual Males«, *Journal of the American Academy of Psychoanalysis* 8 (1980):427–440.

21 Gunter Dörner et al., »A Neuroendocrine Predisposition for Homosexuality in Men«, *Archives of Sexual Behavior* 4 (1975):1–8.

22 Zur kritischen Betrachtung des biologischen Modells und seiner Anwendbarkeit für das Verständnis der sexuellen Orientierung siehe Thomas Hoult, »Human Sexuality in Biological Perspective: Theoretical and Methodological Considerations«, *Journal of Homosexuality* 9 (Winter 1983/Frühjahr 1984): 137–155. Siehe auch Wendell Rikketts, »Biological Research on Homosexuality: Ansell's Cow or Occam's Razor?« *Journal of Homosexuality* 9 (Sommer 1984), 4: 65–93. Einen allgemeinen Überblick über die psychobiologische Forschung liefert Richard Friedman, *Male Homosexuality: A Contemporary Psychoanalytic Perspective*, New Haven: Yale University Press, 1988, Kap. 2. Dörners Untersuchungen überprüft Lois Goren, »Biomedical Theories of Sexual Orientation: A Critical Examination«, in David McWhirter, June Reinisch und Stephanie Saunders, eds., *Homosexuality/Heterosexuality: Concepts of Sexual Orientation*, New York: Oxford University Press, 1989.

23 Richard Friedmann, op. cit., S. 22–24.

24 Bei Kindern homosexueller Eltern tritt Homosexualität nicht häufiger auf als bei Kindern heterosexueller Eltern. Siehe z. B. David McWhirter und Andrew Mattison, *The Male Couple*, Englewood Cliffs, N. J.: Prentice Hall, 1984, und Martha Kirkpatrick, Ron Roy und Catherine Smith, »A New Look on Lesbian Mothers«, *Human Behavior* 5 (1976): 60–61, und »Lesbian Mothers and Their Children«, *American Journal of Orthopsychiatry* 51 (1982): 545–551.

25 Franz Kallman, »A Comparative Twin Study on the Genetic Aspects of Male Homosexuality«, *Journal of Nervous and Mental Diseases* 115 (1952): 283.

26 Elke Eckert et al., »Homosexuality in Monozygotic Twins Reared Apart«, *British Journal of Psychiatry* 148 (1986): 421–425.

27 Richard Pillard und James Weinrich, »Evidence of Familial Nature of Male Homosexuality«, *Archives of General Psychiatry* 43 (1986): 808–812.

28 Gary Mihalik, »Sexuality and Gender: An Evolutionary Perspective«, *Psychiatric Annals* 18 (1988): 40–42.

29 John Money und Viola Lewis, »Homosexual/Heterosexual Status in Boys at Puberty: Idiopathic Adolescent Gynecomastia and Congenital Virilizing Adrenocorticism Compared«, *Psychoendocrinology* 7 (1982): 339–346; siehe auch John Money, »Sin, Sickness or Status? Homosexual Gender Identity and Psychoendocrinology«, *American Psychologist* 42 (April 1987) 4: 384–399.

2. *Kapitel*

1 Eine mangelnde Konformität zu konventionellem männlichen Verhalten von »prähomosexuellen« Jungen beschreiben Friedman und Stern, op. cit. und Green, op. cit.

2 Green untersuchte »feminine« Jungen und verfolgte ihren Entwicklungsprozeß bis ins junge Erwachsenenalter. Er findet heraus, daß Homosexualität gehäuft bei den Erwachsenen vorkommt, die als Kinder »geschlechtsuntypisch« waren. Aus seinen Untersuchungen geht nicht hervor, wieviele homosexuelle Männer als Kinder oder als Erwachsene über ihre Geschlechtszugehörigkeit verwirrt waren. Von den insgesamt 40 von mir klinisch beobachteten Personen hatten sich zwei als Kinder mit etwa neun Jahren zwei- bis dreimal Kleidungsstücke ihrer Mütter angezogen. Keiner meiner Patienten berichtete, in der Kindheit das Gefühl gehabt zu haben, ein Mädchen und nicht ein Junge zu sein (eine Störung der eigentlichen Geschlechtsidentität), oder hatte sich durchgehend wie ein Mädchen verhalten (eine Störung der Geschlechtsrolle). Zur Diskussion über die Entwicklung der Geschlechtsidentität und Rolle siehe Phyllis Tyson, »A Developmental Line of Gender Identity, Gender Role and Choice of Love Object«, *Journal of the American Psychoanalytic Association* 30 (1982) 1:61–86.

Ich hatte vorwiegend mit Homosexuellen zu tun, die sich erfolgreich in das Berufsleben integriert hatten, obwohl viele sich in unterschiedlichem Ausmaß auch dort als »Außenseiter« fühlten. Vielleicht ist mein Sample nicht repräsentativ, und diese Männer weisen ein geringeres Maß an Geschlechtsverwirrungen auf als Homosexuelle im allgemeinen. Wahrscheinlich sind die Angaben über Kindheitsaktivitäten auch verzerrt durch die beschränkte Fähigkeit eines jeden, sich genau an seine Kindheit zu erinnern.

3 Walter Williams, *The Spirit and the Flesh: Sexual Diversity in American Indian Culture*, Boston: Beacon Press, 1986, S. 31–43.

3. *Kapitel*

1 Siehe Alan Bell, Martin Weinberg und Sue Hammersmith, Der Kinsey-Report über sexuelle Orientierung und Partnerwahl, München: Bertelsmann, 1981, S. 64–65.

2 Bieber, op. cit., S. 311.

3 Siehe auch Charles Silverstein, *Man to Man: Gay Couples in America*, New York: Quill, 1982, S. 25.

4 In seinen ausführlichen Interviews mit Homosexuellen, die sich nicht

in einer therapeutischen Behandlung befanden, fand Charles Silverstein heraus, daß viele von ihnen bewußte sexuelle Phantasien über ihre Väter hatten. Seine Beobachtungen legen nahe, daß viele Homosexuelle einen beträchtlichen Zugang zu diesen frühkindlichen erotischen Gefühlen haben. Da Homosexuelle, die sich in Therapie begeben, oft Probleme haben, Beziehungen einzugehen und sie aufrechtzuerhalten, kann ich durch mein Sample voreingenommen sein. Möglicherweise ist der fehlende Zugang zu erotischen Phantasien über den Vater für diese Gruppe auch charakteristischer als für homosexuelle Männer, die keine Beziehungsprobleme haben. Ich neige jedoch zu der Ansicht, daß die Verdrängung der erotischen Bindung an den Vater und der sexuellen Phantasien über ihn genauso normal ist wie die bei heterosexuellen Männern stattfindende Verdrängung von frühkindlichen erotischen Gefühlen zur Mutter.

5 Ich fand heraus, daß die Kastrationsangst oder die Furcht vor einer Verletzung durch den Vater bei heterosexuellen Männern häufiger zu einer Identifikation mit der Mutter führen als bei homosexuellen Männern, die sich mit der Mutter identifizieren, um den Vater anzuziehen (siehe Kap. 7).

6 Aus meinen klinischen Erfahrungen geht nicht hervor, daß die bei homosexuellen Männern auftauchende Angst vor analrezeptivem Geschlechtsverkehr in Zusammenhang steht mit der unbewußten Sehnsucht nach einer erneuten Verbindung in der Mutter-Kind-Dyade der frühen Kindheit und mit den daraus resultierenden Ängsten; siehe z. B. Robert Liebert, in Gerald Fogel, Frederick Lane, Robert Liebert eds., *The Psychology of Men*, S. 205. Wäre dies zutreffend, dann würde man erwarten, daß die Ängste vor diesen Phantasien und Sehnsüchten bei den Homosexuellen am ausgeprägtesten wären, die ihre Mütter als am stärksten klammernd und vereinnahmend erlebt hatten, und dies ist nicht der Fall. Die Ängste vor diesen sexuellen Aktivitäten können bei homosexuellen Männern mit den unterschiedlichsten Arten der Eltern-Kind-Beziehung auftreten, und das sogar, bevor die AIDS-Epidemie solche Ängste realistisch gemacht hatte. Außerdem können Homosexuelle mit den unterschiedlichsten Mutter-Kind-Beziehungen Sexualphantasien über rezeptiven Analverkehr haben und diesen auch lustvoll erleben.

4. *Kapitel*

1 Wenn ich in diesem Kapitel von dem Prozeß der Verfestigung und Integration der sexuellen Identität spreche, meine ich damit das, was Vivienne Cass als Teil des Coming-Out beschrieb in »Homosexual Identity Formation: A Theoretical Mode«, *Journal of Homosexuality* 4 (1979):219–235; und ebenso Eli Coleman, »Developmental Stages of the Coming Out Process«, *Journal of Homosexuality* 7 (1981/2):31–43. Dabei bedeutet Festigung in etwa das Coming Out sich selbst gegenüber und Integration das Coming Out anderen gegenüber. Diesen Prozeß möchte ich als Teil der entwicklungsmäßigen Aufgabe der Bildung des Selbstwertgefühls sehen, nicht als eigenständiges Ziel.

2 Siehe auch Alan Maylon, »The Homosexual Adolescent: Developmental Issues and Social Bias«, *Journal of Child Welfare* 60 (1981) 5:321–330; und Emery Hetrick und Damien Martin, »Developmental Issues and Their Resolution for Gay and Lesbian Adolescents«, *Journal of Homosexuality* 14 (1987) 1/2:25–43.

3 James Baldwin, Giovannis Zimmer, Reinbek b. Hamburg: Rowohlt, 1984, S. 121.

4 Joel Hencken, »Conceptualizations of Homosexual Behavior Which Preclude Homosexual Self-Labeling«, *Journal of Homosexuality* 9 (1984) 4:53–63.

5 Seymour Kleinberg, *Alienated Affections: Being Gay in America*, New York: St. Martin's Press, 1980, S. 3–5.

6 Charles Socarides, zit. in *The New York Times*, December 17, 1963, S. 33.

7 Panel, »The Psychoanalytic Treatment of Male Homosexuality«, *Journal of the American Psychoanalytic Association* 25 (1977), 1:190.

8 Cass, op. cit.

9 Hetrick und Martin, op. cit.

10 Michael Ross, *The Married Homosexual Man*, London: Routledge & Kegan Paul, 1983, S. 47–65.

11 Howard Brown, *Familiar Faces, Hidden Lives: The Story of Homosexual Men in America Today*, New York: Harcourt Brace Jovanovich, 1976.

12 Ross, op. cit., S. 1–37.

1 Homosexuelle Männer drücken Konkurrenzängste gewöhnlich nicht in Kastrationsängsten aus, sondern eher in unbestimmten Ängsten oder Depressionen.

2 Der Begriff »Homophobie« wurde wahrscheinlich zuerst von George Weinberg verwendet (*Society and the Healthy Homosexual*, New York: St. Martin's Press, 1972); mit diesem Begriff bezog er sich auf die tiefe Angst vor einem Zusammensein mit Homosexuellen in abgeschlossenen Räumlichkeiten; später wurde der Begriff ausgeweitet auf die feindselige Haltung der Gesellschaft gegen Homosexuelle; siehe z. B. Walter Hudson und Wendell Ricketts, »A Strategy for the Measurement of Homophobia«, *Journal of Homosexuality* 5 (1980) 4:357–372. Einen genauen Überblick zu diesem Thema liefert Marshall Forstein, »Homophobia«, *Psychiatric Annals* 18 (1988) 1:33–36.

3 Häufig wird der Ausschluß von Homosexuellen aus diesen Organisationen damit begründet, daß die Moral oder der Geist dieser Gruppen aufrechterhalten werden müssen; angeblich würden homosexuelle Männer eine Störung verursachen oder den Zusammenhalt der Organisation beeinträchtigen. Viele Männer befürchten, homosexuell zu werden, wenn sie sich in abgeschlossenen Räumlichkeiten aufhalten oder ihnen die Anwesenheit von Frauen verwehrt ist. Diese Angst verstärkt sich in der Gesellschaft von Homosexuellen. Natürlich gibt es eine situationsbedingte Homosexualität, z. B. in Gefängnissen, aber dieses Verhalten kommt nur gelegentlich vor und ist vorübergehend; nachdem heterosexuelle Männer sich wieder auf freiem Fuß befinden, kehren sie auch zu ihrer eigentlichen Sexualität zurück. Homosexuelle Männer bleiben es weiterhin.

Selbst Jugendliche, die sich in Initiationsritualen bei bestimmten Stämmen in Neu-Guinea lange Zeit hindurch extensiv homosexuell betätigen, kehren nach Beendigung dieser Initiation wieder zur Heterosexualität zurück. Diese Riten werden als männlichkeitsverstärkende »Rites des Passage« betrachtet (Gilbert Herdt, *The Sambia: Ritual and Gender in New Guinea*, New York: Holt Rinehart & Winston, 1987). Ich halte es aus klinischer Sicht für nützlich, die homosexuellen Phantasien und das gelegentlich auftretende homosexuelle Verhalten von präpubertären oder pubertären Jugendlichen in unserer Kultur ebenfalls als eine die Männlichkeit herausbildende Funktion zu sehen. Denn in einer Phase, wo der Jugendliche einen starken gesellschaftlichen Druck verspürt, sich heterosexuell zu verhalten, sind diese Phantasien und das homosexuelle Verhalten Mittel, durch die er versucht, von anderen Männern Stärke zu erlangen.

4 Durch den Eifer, mit dem die meisten Analytiker die Entwicklungstheorie verfechten, nach der der einzig normale Endpunkt die Heterosexualität ist, die allein zu einem gesunden und produktiven Leben führt, können in der Tat Ängste vor den passiven, femininen Aspekten des eigenen Charakters ausgedrückt werden; diese Aspekte tragen aber zu der Berufswahl bei und dazu, daß man zur Lehranalyse zugelassen wird.

5 *Time*, 7. März 1988, S. 24.

6 Zit. in Dennis Altman, *AIDS in the Mind of America*, Garden City, N. Y.: Anchor Books, 1987, S. 67.

7 a.a.O., S. 66. Den Leitartikel verfaßte James Fletcher, »Homosexuality: Kick and Kickback«, *Southern Medical Journal*, Februar 1984, S. 149.

8 Williams, op. cit., S. 268.

6. *Kapitel*

1 Kinsey et al., op. cit.; siehe auch Gordon Westwood. *A Minority: A Report on the Life of the Male Homosexual in Great Britain*, London: Longmans, Green, 1960.

2 Bell und Weinberg, op. cit., S. 81–93; siehe auch Saghir und Robins, op. cit.

3 Laud Humphreys, *The Tearoom Trade: Impersonal Sex in Public Places*, Chicago: Aldine, 1970.

4 Kinsey et al., op. cit., S. 589.

5 Ford und Beach, op. cit., S. 106–124.

6 In der Studie von Bell und Weinberg hatten mehr als ein Drittel der 686 männlichen Teilnehmer eine Paarbeziehung. McWhirter und Mattison, op. cit., untersuchten 156 männliche Paare in Beziehungen, die von einem bis 37 Jahre reichten.

7 Silverstein, op. cit.; siehe auch McWhirter und Mattison, op. cit.

8 Siehe z. B. Bieber, op. cit., S. 317: »Einige Homosexuelle konzentrieren sich auf eine einzige Beziehung in der Hoffnung, in einer ausschließlichen Zweierbeziehung alle emotionalen Bedürfnisse befriedigen zu können. Dies sind oft unrealistische Erwartungen, die mit unmäßigen Forderungen einhergehen; in den meisten Fällen sind diese Beziehungen turbulent und aufreibend. Anfänglich kommt es zu einer großen Erregung, die einhergeht mit übermäßiger Begeisterung und der Zuversicht, jetzt eine große Liebe entdeckt zu haben; bald schlägt dies um in Ängste, Wut und Depression, wenn die Erwartungen auf ein Wunder unweigerlich enttäuscht werden. In der Anfangsphase einer solchen Affäre wird durch intensive homosexuelle Aktivität symbolisch die Erfüllung von

magischen Wünschen gesucht. Im allgemeinen enden solche Beziehungen nach wenigen Monaten bis zu einem Jahr...«

Der Leser wird erkennen, daß diese Beschreibung auch auf heterosexuelle Beziehungen paßt. Wenn man sich verliebt, kommt es zu einer anfänglichen Begeisterung und unrealistischen, ja magischen Erwartungen. Vorurteile gegenüber homosexuellen Paaren haben dazu geführt, daß klinische Forscher die Ähnlichkeiten von homo- und heterosexuellen Beziehungen nicht sehen wollen: andere nehmen die Unterschiede, die eine enge und dauerhafte homosexuelle Beziehung sowohl möglich als auch einzigartig machen, nicht wahr.

9 Als Therapeut treffe ich viele Männer, die Hilfe suchen, weil sie sich einerseits eine Beziehung wünschen, diese andererseits aber nicht eingehen können, weil Nähe bei ihnen zu viel Angst auslöst. Andere suchen Hilfe, um eine Beziehung aufrechtzuerhalten, die zu scheitern droht, weil sie sich in ihr gehemmt oder angsterfüllt fühlen. In meiner Praxis höre ich vielleicht mehr von durch Nähe hervorgerufenen Ängsten, als tatsächlich bei Homosexuellen im allgemeinen auftreten. Aber die Beobachtungen, die ich in meinem Freundes- und Bekanntenkreis über die Jahre hinweg anstellen konnte, haben mich überzeugt, daß diese Ängste, von denen ich in meiner Praxis höre, für Homosexuelle nicht untypisch sind.

10 Clarence Tripp, *The Homosexual Matrix*, New York: McGraw Hill, 1975, S. 160.

11 Tripp, op. cit., S. 57–59.

12 »Die Homosexuellen verstecken sich typischerweise hinter dem Mann-Frau-Muster... Jeder passiv-feminine Homosexuelle sucht sich einen aktiv-maskulinen homosexuellen Partner« (Bergler, op. cit., S. 20). In derartigen Äußerungen zeigt sich die begrenzte Sichtweise vieler Menschen, die mit psychisch Kranken zu tun haben und glauben, daß homosexuelle Beziehungen nach dem gleichen Schema ablaufen wie heterosexuelle.

13 McWhirter und Mattison, op. cit., S. 276.

14 McWhirter und Mattison, op. cit., S. 9–11.

15 Bell und Weinberg, op. cit., S. 132.

7. Kapitel

1 Lionel Ovesey bezeichnete das defensive homosexuelle Verhalten und Phantasieleben von Heterosexuellen als »Pseudohomosexualität«. Vielem, was er über die pseudohomosexuellen Ängste von Heterosexuellen schreibt, stimme ich zu, aber ich teile nicht seine Ansicht, daß homosexuelles Verhalten von Homosexuellen durch die gleichen

Ängste motiviert ist wie bei Heterosexuellen (Ovesey, »Pseudohomosexuality and Homosexuality in Men: Psychodynamics as a Guide to Treatment«, in Marmor [1965], S. 211–233).

2 Freud (1905), »Drei Abhandlungen zur Sexualtheorie«, Frankfurt/M.: Fischer TB, 1961, S. 20–21.

3 Martin Weinberg und Colin Williams, *Male Homosexuals: their Problems and Adaptations*, New York: Oxford University Press, 1974, und Saghir und Robins, op. cit.

4 Ross, op. cit., S. 20–24.

5 A. a. O., S. 25–37.

6 Wolfenden Report (1957), a. a. O. Zit. in Ross, op. cit., S. 26.

8. Kapitel

1 Lawrence Kolb und Adelaide Johnson, »Etiology and Therapy of Overt Homosexuality«, *Psychoanalytic Quarterly* 24 (1955): 506–516.

2 Ovesey, op. cit., S. 222.

3 »Der Analytiker, der die Behandlung eines Homosexuellen vornimmt, muß bewußt oder unbewußt zu bestimmten diagnostischen Schlußfolgerungen gekommen sein, was das Vorhandensein eines intrapsychischen Konflikts angeht... eine Überzeugung, daß eine heterosexuelle Lösung möglich ist (und) daß der Patient sich zu gegebener Zeit darum bemühen wird...« (Panel, [1960], 3 : 566).
Die Therapeuten, die ein »flexibles« analytisches Vorgehen bevorzugen, bei dem der Patient dazu ermutigt wird, sich heterosexuell zu verhalten, sind meist der Ansicht, daß die Homosexualität durch eine phobische Vermeidung von Frauen verursacht ist. Siehe Bergler, op. cit.; Bieber, op. cit.; Ovesey, op. cit.; Socarides (1968), (1978).

4 Socarides (1968), S. 222.

5 Freud, Briefe 1873–1939, a. a. O., S. 495 f.

6 Freud (1920), »Über die Psychogenese eines Falles von weiblicher Homosexualität«, Gesammelte Werke Bd. 12, Frankfurt/M.: Fischer 1974, S. 276.

7 Marmor, »Clinical Aspects of Male Homosexuality«, in Marmor (1980), S. 277.

8 Persönliche Mitteilung Alfred Kinseys an Clarence Tripp, zit. in Tripp. op. cit., S. 252.

9 Bieber, op. cit., S. 275–302.

10 Von diesem Angebot erzählte mir Wardell Pomeroy auf einer Diskussionsrunde in Bloomington, Indiana, im März 1986. Auch Tripp erwähnt es, op. cit., S. 251.

11 John Gonsiorek, »The Use of Diagnostic Concepts in Working with Gay and Lesbian Populations«, *Journal of Homosexuality* 7 (1981/82), 2/3:9–20; Alan Malyon, »Psychotherapeutic Implications of Internalized Homophobia in Gay Men«, *Journal of Homosexuality* 7 (1981/82), 2/3:59–69; James Krajeski, »Psychotherapy with Gay Men and Lesbians: A History of Controversy«, in Terry Stein und Carol Cohen, eds., *Contemporary Perspectives on Psychotherapy with Lesbians and Gay Men*, New York: Plenum, 1986, S. 9–25; Cohen und Stein, »Reconceptualizing Individual Psychotherapy with Gay Men and Lesbians«, a. a. O., S. 27–54.

12 In der traditionellen Psychoanalyse gilt die von mir als neutral beschriebene Haltung als voreingenommen, denn ich habe das Ziel, daß ein Homosexueller mit den Folgen seiner Homosexualität besser leben kann; d. h. wenn der Therapeut die Homosexualität nicht als pathologisch erachtet, wird behauptet, daß seine Arbeit von Gegenübertragungsmechanismen beeinträchtigt sei, die die Homosexualität begünstigen und eine angemessene Behandlung unmöglich machen.

13 Siehe Hans Loewald, »On the Therapeutic Action of Psychoanalysis«, *International Journal of Psycho-Analysis* 41 (1960):16–33.

14 Häufig nehmen Homosexuelle, die sich vor ihrer Sehnsucht nach Bindung und Nähe fürchten, in den Anfangsstadien einer Analyse oder Therapie in der Übertragung eine distanzierte Haltung ein, um diese Sehnsüchte abzuwehren. Für die Angst wurde eine Reihe von Gründen angeführt, so auch die verdrängten erotischen Sehnsüchte nach nach dem als ambivalent wahrgenommenen Vater, wie dies bei Edward der Fall war. Diese in der Übertragung geäußerte distanzierte Haltung muß unbedingt erkannt werden, um dem Patienten zu verdeutlichen, wie die Angst vor Nähe eine Beziehung verhindern kann.

15 Zur weiteren Diskussion siehe Malyon (1981/82), op. cit.; Krajeski, op. cit. und Cohen und Stein, op. cit.

9. *Kapitel*

1 Williams, op. cit., S. 268.

2 Alice Miller, *Das Drama des begabten Kindes*, Frankfurt/M.: Suhrkamp, 1979, S. 63.

3 Siehe auch Tripp, op. cit., S. 99.

4 Hetrick und Martin, op. cit.

5 Michel Foucault, »Sexual Choice, Sexual Act: An Interview with Michel Foucault«, *Salmagundi* 58–59 (Herbst 1982–Winter 1983): 10–24.